2021 年度河北省哲学社会科学学术著作出版资助

开放式创新情境组织惯性维度及其干预机制研究

王石磊　著

中国财经出版传媒集团
中国财政经济出版社

图书在版编目（CIP）数据

开放式创新情境组织惯性维度及其干预机制研究 / 王石磊著. --北京：中国财政经济出版社，2022.5

ISBN 978-7-5223-1122-7

Ⅰ.①开… Ⅱ.①王… Ⅲ.①企业组织-组织管理学-研究 Ⅳ.①F272.9

中国版本图书馆 CIP 数据核字（2022）第 022673 号

责任编辑：刘五书　　责任校对：徐艳丽
封面设计：孙俪铭　　责任印制：张　健

中国财政经济出版社 出版

URL：http：//www.cfeph.cn

E-mail：cfeph@cfemg.cn

社址：北京市海淀区阜成路甲 28 号　邮政编码：100142

营销中心电话：010-88191522

天猫网店：中国财政经济出版社旗舰店

网址：https：//zgczjjcbs.tmall.com

北京财经印刷厂印刷　各地新华书店经销

成品尺寸：170mm×230mm　16 开　15.5 印张　206 000 字

2022 年 5 月第 1 版　2022 年 5 月北京第 1 次印刷

定价：62.00 元

ISBN 978-7-5223-1122-7

（图书出现印装问题，本社负责调换，电话：010-88190548）

本社质量投诉电话：010-88190744

打击盗版举报热线：010-88191661　QQ：2242791300

摘　要

创新是时代的主旋律，实施创新驱动发展战略是复兴之道和强国之举。通过60年步履蹒跚的追赶，中国科技实现了历史性、整体性、格局性的重大变化，重大专项如移动通信、集成电路、数控机床、大飞机、核电等重点领域率先实现跨越，表明我国科技创新进入“三跑并存、领导并跑日益增多”的历史性新阶段。但是以创新效能角度观察发现，我国创新绩效有待提高，世界经济论坛发布的全球竞争力指数衡量技术发展成熟度的技术就绪指数（technology readiness）我国在137个国家和地区中排名第73位，期望中的经济、技术收敛仍未能实现。

组织创新是企业把握机会窗口、提升组织绩效以及构建竞争优势的显性路径。组织惯性自我增强特性使组织持续进行擅长的活动，造成不断重复保守的回路，牵制技术创新和创新效能升级。近些年组织惯性领域研究超越组织惯性静态认识，并且挖掘出组织惯性自我演化的潜质，组织惯性弥散或干预是组织创新活动的必然环节，持续调整和改造组织管理、产品生产、产品营销、售后服务等内容迎接常态化市场和技术变化和挑战。

开放式创新通过组织间合作寻找和确定创新机会以协调统筹内部、外部资源共同发展变得日益重要和必要。内部研发能力欠缺的企业具有强烈技术和知识获取意向，跨越组织边界搜索补充性和异质性资源成为必然趋势。封闭式向渗透和模糊性组织边界转变，颠覆性认知和创意在创造性活动中流通和碰撞，为参与主体克服经营哲学、运营范式、管理组织架构以及资源惯性提供机会。尽管已有研究意识到了开放式创新情境组织惯性对组织创新的重要作用，但影响机理的认识仍然十分模糊。

本书以组织间合作为背景，衡量快速变化的外部环境对组织包括行为模式在内的组织惯性的影响。这种尝试和开拓无疑对组织惯性研究具有重要的理论和实践意义。在已有研究的基础上，通过文献分析、定性研究和实证研究等方法，凝炼出组织惯性的四种维度，并提出凭借组织间合作创新作为打破组织惯性的外力，建立起“组织参与—组织惯性—合作创新绩效”研究主脉络，融合组织间匹配度和合作过程因素等调节作用的研究模型，得出结论。

结论一：组织惯性是包含四个子维度的高阶构念。

本书在充分借鉴既有国内外相关研究的基础上，通过扎根理论较为全面、系统地呈现组织惯性的四种表现体系：思维惯性、学习惯性、资源惯性、惯例惯性。其中思维惯性源自认知过程，包含认知结构、感知和释义等和活动的僵化；惯例惯性是配置资产对的业务流程，涉及在资产适应、整合以及重新配置以响应不断变化的外部环境的乏力；资源惯性是忽视市场动态性，由于资源承诺导致的沉没成本，拖延组织策略调整以及组织演化进程；学习惯性是倾向于以往知识经验解决问题的状态。

结论二：组织合作创新是影响组织惯性各子维度的重要因素。

本书基于合作创新主体因素、双方因素以及合作过程因素的理论模型的实证表明，组织合作意愿和沟通交流负向影响包含资源惯性、惯例惯性、学习惯性和思维惯性；组织学习和专业差异影响到组织学习惯性和思维惯性；基础相关则影响到资源惯性和惯例惯性；贡献一致则显著影响到惯例惯性和学习惯性。

结论三：组织参与对合作创新绩效产生了显著影响。

组织惯性的产生是经济环境、产业、组织所处社会网络和个人习性共同的结果。本书基于理论模型的实证表明，组织参与积极影响到合作创新绩效、合作有效性。

结论四：组织惯性对合作创新绩效产生了显著影响。

本书基于理论模型的实证表明，组织惯性消极影响合作创新绩效和

合作有效性。

结论五：组织惯性在组织参与和合作创新绩效之间有显著的中介传导作用。

组织深层次隐性、不易观察或识别的微观元素是创新成功的关键。本书基于理论模型的实证表明，组织惯性在组织参与对创新绩效过程中扮演部分中介的效果，在组织参与对合作有效性过程中呈现完全中介效果。

结论六：双方匹配度在组织参与对组织惯性的影响中扮演重要角色。

参与主体与主体间要素互动匹配性共同塑造、改变和影响组织惯性，本书基于理论模型的实证表明，组织参与和双方匹配度的调节显著负向影响组织惯性。

结论七：合作过程在组织参与对组织惯性的影响中扮演重要角色。

本书基于理论模型的实证表明，组织参与和合作过程的调节显著负向影响组织惯性。

结论八：组织惯性是组织参与、双方匹配度以及合作过程共同作用的结果。

本书基于情境、行为和结果之间的多元关系逻辑的实证结果表明，组织参与和双方匹配度、合作过程因素三维交互显著负向影响组织惯性，提升研究成果对于预组织惯性的解释和预测能力。

ABSTRACT

Organizational inertia causes the decline of the organization, self-reinforcing keeps the organization into ongoing activities, resulting in conservative repeated loop in China. The invalidation of the organization routine become the source of inertia and rigidity. The lock-in effect of study, capability trap and resource dependence, not only hinder the upgrading of existing technology and efficiency, but also the innovation ability in new areas. Nowadays, with the accelerating pace of market change and organization change, to survive and develop not only the old competitive paradigm, but also the new, based on the fulfill of the adaptability, is under the highlight of strategic management.

The inter-organization cooperation is becoming more and more important and necessary under today's increasingly complex and knowledge intensive background. Those whose internal research and development ability is not qualified is equipped with the highly intention of technology and knowledge acquisition, which drive them searching for the complementary assets. Open innovation offer the company opportunity to develop both the internal and external resource. The change from closed innovation to open innovation, the flow of innovative thought and idea, the adaption to new things force the organization to adjust the technology, operating system, routine, value and culture. The old process must be dispersed simultaneously to ensure the organization innovative activity goes smoothly, but under the circumstance of inter-organization innovation, the interaction and communication, the power, the tradability, the mechanism and the motivation will hinder or promote factors in innovation.

It would be a long term process diminishing and reducing organization inertia, makes the empirical study scarce. This paper focus on inter-organization innovation, to see the impact of interaction, under relatively fierce and violent environment, to organization inertia including behavior mode. This pioneering attempt would undoubtedly have important theoretical and practical significance. Based on the exiting research, using literature analysis, empirical research and qualitative research, we get four organizational inertia dimensions, and proposing that cooperative innovation as opportunity to break organizational inertia. By establishing the interaction chain "organization involvement - organization inertia - cooperative innovation performance", considering the moderate effect of fitness between the participate parties and cooperative process, we get the following conclusion.

Firstly. Four dimension of organization inertia.

Based on the exiting home and abroad related research and grounded theory, we systematically and comprehensively present organization inertia which concludes mind inertia, study inertia, resource inertia and routine inertia.

Secondly, the impact of cooperative innovation on organization inertia.

Considering the factors of organization, the cooperative parties and cooperative progress, the empirical study showed that cooperative intention and communication negatively affect resource inertia, routine inertia, learning inertia and mind inertia, whereas organizational learning and specific knowledge difference negatively influence learning inertia and mind inertia. Basic knowledge relevance negatively impact resource inertia and routine inertia, and comtribution balance has nefative impact on routine inertia and learning inertia.

Thirdly, the impact of organization involvement on cooperative innovation.

According to the empirical study, organization involvement positively affect cooperative innovation performance and cooperative efficacy.

Fourthly, the impact of organization inertia on cooperative innovation.

According to the empirical study, organization inertia negatively affect cooperative innovation performance and cooperative efficacy.

Fifthly, the mediating role of organization inertia.

According to the empirical study, organization inertia partially mediates the impact of organization involvement on innovation performance, while fully mediates organization involvement on innovation efficacy.

Sixthly, the moderating effect of organization involvement and fitness.

According to the empirical study, the two way interaction of organization involvement and fitness of parties significantly negative affect organization inertia.

Seventhly, the moderating effect of organization involvement and cooperative process.

According to the empirical study, the two way interaction of organization involvement and cooperative process significantly negative influence organization inertia.

Eighthly, the there way interaction of organization involvement, fitness and cooperative process.

According to the empirical study, the interaction of organization involvement, fitness and cooperative process significantly negative influence organization inertia.

目　录

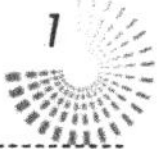

第 1 章 绪 论

1.1 研究背景及问题提出

1.1.1 研究背景

企业的一时强盛难以保证日后的繁荣。Louca 和 Mendonca（2002）针对 20 世纪美国制造企业的研究发现，1917 年 266 家制造企业在 1997 年仅剩 28 家，49% 的企业仅仅昙花一现随即又销声匿迹，大部分企业难以符合新环境的要求而被淘汰掉[1]。麦肯锡（Mckinsey）一项面向标准普尔 500 家企业（Standard & Poor's 500 Index）生存周期研究发现，1935 年的企业平均寿命约为 90 年，40 年后的 1975 年平均寿命缩短到30年，2004年企业的生存周期仅剩15年[2]。Wiggins和Ruefli（2002）针对40种产业包含6772家企业横跨25年的研究发现，只有极少数的企业维持傲人的经济绩效[3]。

长时间以来管理学界标榜“稳定”“常规”和“秩序”作为组织基本特征，将变革作为偶发事件。20世纪80—90年代实务典范（Best practice）在日式企业管理理论中的应用得到广泛的称赞。QFD、SPC、FMEA、6Sigma、Taguchi等质量管理方法有效支撑精简生产、零库存以及全面质量管理，是保障并提升产品质量以及迎合市场严苛需求的有效手段，曾打败拥有显著技术优势的美国企业，也成为西方企业争先效仿的榜样。赋予组织的特殊能力和优势尚未充分展现，转瞬成为制约企业持续成长的“绊脚石”，企业又开始纷纷“去日式化”。

无独有偶，Yokohama公司高级技术研发实验室在新材料的研发和业务扩展有着骄人的成绩，对非传统客户的技术使用和可用性的认知相对缺乏，对潜在客户的需求了解缺乏管理拖延其开辟新市场。Polaroid流程和管理的僵化和惰性阻碍其新商业模式的发展，难以转向新数字成像技术。施乐在复印机市场统治地位被佳能超越。手表行业因石英电子技术的崛起与完善，导致瑞士坚守精密机械技术的75%企业破产或被兼并，并且裁员60%，遭遇同样困境的还包括美国半导体行业。

反观不断更新、完善或打破重塑自我的企业彰显茁壮的生命力：Zara成功的动态案例（快速变化的时尚产业核心能力对顾客需求的响应），产生了大量新的能力，如快速地应用catwalk设计，改良的信息系统以及JIT生产以及零库存；传统化学以及电子产业持续扩展技术的应用边界[4]；微软公司短短几年一跃超过百年发展历程的福特和通用等传统制造业，比尔·盖茨也长期占据世界首富的位置，伴随近些年手机用户激增使得微软丧失终端操作系统市场占有量霸主地位后，最新版操作系统 Windows 11 尝试无缝对接安卓系统试图抢夺市场占有率。国内李锦记（1988 年创建）和同仁堂（1669 年创建）等百年企业成功地经历了时间的洗礼；新兴互联网企业腾讯基于 QQ 和微信的颠覆性革新，创造了诸多新兴互联网行业的经典成功案例；传统行业诸如海底捞对于顾客进餐感受不断改进，小米、美的等家电企业打通线上线下壁垒的购物体验。改革开放后的国内食品企业河南双汇集团和春都集团都是地方政府的内联厂，但前者逐渐跃升为世界驰名肉类品牌，而后者却在激烈的竞争中销声匿迹。一项面向寿命较长企业的研究发现，平均寿命周期为 105 年的企业无一重复着初期业务，化学产业转向材料产业以及医药产业、电子产业向消费电子以及机床靠拢[5]，初期业务与当今业务转换详见表 1－1。

表 1－1　　百年企业业务转换表

企业名称	中文名称	成立年限	初期业务	当今业务
Goodrich	古德里奇	1870	消防软管	航空航天
Nokia	诺基亚	1865	木材	手机
Harris	哈里斯	1895	印刷机	电子业务
3M	3M	1902	矿业	办公用品
Allied signal	联合信号	1920	化工业	航空航天
American express	美国运通	1850	快递	金融业务
Armstrong	阿姆斯壮	1860	软木	对面铺装
Bally	巴利技术公司	1931	弹球机	赌场/健身
J&J	强生	1885	绷带	制药
Black & Decker	百得	1970	瓶盖	电动工具
Carlson	卡尔森酒店	1938	黄金债券邮票	旅游业
W. R. Grace	格雷斯	1854	化肥	化工业

续表

企业名称	中文名称	成立年限	初期业务	当今业务
Hasbro	孩之宝	1923	地毯	玩具
Ingram	英格拉姆	1857	锯机	配送
Sunbeam	阳光电器	1890	理发器	器具
ITT	国际电话电报公司	1920	电话公司	保险
Xerox	富士施乐	1906	相纸	商务器材
Vivendi	维旺迪	1853	垃圾箱	媒体
Tandy	坦迪公司	1899	皮革	电子销售
Marriott	万豪酒店	1927	沙士	酒店
Southland	南洲国际	1927	制冰	经销商
Morton Intl	莫顿国际	1848	盐	安全气囊
Nucor	纽柯钢铁	1897	汽车	钢铁

资料来源：O'Reilly III and Tushman（2008）。

高度竞争环境下，熊彼特式冲击更加频繁，核心能力转瞬间就成为阻碍组织发展的核心僵性，难以敏锐和快捷适应外部复杂变化市场环境。企业需要持续调整和改造组织管理、产品生产、产品营销、售后服务等内容迎接常态化市场和技术变化及挑战。现有企业的高失败率与低存活率引起大量的思考，特别是组织整体深刻领悟和体验的迫在眉睫、事关生死的变革仍旧阻力重重，吸引了包含管理学、历史学、战略学、组织社会学、心理学以及经济学等多学科问题的共同关注和广泛研究。

（1）竞争优势学派

传统战略竞争学者呼吁“构建行业内的独特定位，创造和保持竞争优势持久性”。但是波诡云谲的商业环境颠覆了竞争底层逻辑并且逆向塑造竞争理念，传统战略模式强调的“企业可永久维持其竞争优势”并不现实。最终，组织竞争优势的根基、构建与修缮都产生深刻调整，持久性的竞

争优势更像是一则天方夜谭的故事遭受越来越多的争议。

组织竞争优势的本质是基于连续的进攻和响应策略及行动的有效实施构建并维系的。动态竞争学派攻讦所谓“企业可持久维持自身竞争优势”的认识虚无缥缈。但是竞争优势学者研究发现面对瞬时且频繁的竞争冲击和骚扰，领导者将资源配置在明星业务区域，避免过多地向问题或落水狗业务注入资本，阻止企业投资变革性技术。同时，互补性资产和专属性资产圈禁成熟企业组织制造、分配和营销活动领域，投资边际收益率难以匹敌新创企业。

(2) 组织战略学派

组织在自我增强机制驱动下逐步形成固定的战略模式，特别是制度化的资源和惯例组合。持续波动的环境中，唯一不变的就是变化。外部环境的调整动摇了竞争的底层逻辑，大大降低原本有效的战略的有效性。失效的战略阻碍组织发展的步伐，甚至侵蚀组织生命力，因此组织需要迎合外部环境的变化打破传统战略并构建新的模式。

外部环境波动牵引组织打破传统发展路径，甚至提供技术机会窗口、需求机会窗口以及政策制度机会窗口，使得耗费较少的努力突破技术封锁或市场壁垒。但大量的实践经验和实证研究发现，惯性状态的组织柔性欠缺阻碍升级换代或转换步伐，在低效的战略模式上缝补与拼凑。Rothmann 和 Koch (2014) 发现德国报纸发行机构无视全球经济危机、互联网技术以及绿色革命的冲击固执地实施既定客户模式[6]，甚至 Gilbert (2005) 发现危机感知下的 8 家传统报纸依然遵守着以往资源利用的组织流程[7]。

(3) 组织变革学派

适应调整或根本性的组织变革常常囿于组织惯性难以进行。组织在特定的市场经历长时间的生存竞争，内部人力系统、组织架构逐渐迎合该市场底层的竞争逻辑。非常规环境组织变革通常由于新战略和结构对传统习惯、规则以及假设的威胁付之东流，组织常常表现出漠不关心或懒于实施变革，甚至为了保持现状进行努力。

组织希望通过组织变革持续调整战略以及结构以匹配动态环境，但是惯例以及根深蒂固的思维和活动模式阻碍组织变革的发生。Greenwood 等（1988）通过对变革轨迹追踪识别发现，惯性是影响组织升级的重要组成部分[8]。甚至在熟悉某一类型变革范式之后，组织更会倾向于类似的变革形式和方式，禁锢其他类型变革的发生，即惯性不单单约束了变革也可能是变革活动的结果。

（4）制度理论学派

制度是形塑组织模式正式或非正式的社会秩序、规则和类规则的总称[9]，制度理论深刻地诠释组织场域（organizational field）以及组织行为的稳定和同形（isomorphism）现象。制度化和规范化程序和结构杜绝冗余的交互和活动，协调、统一各参与个体的活动朝着共同的目标迈进。社会交往驱使组织构建了原始的、盛行的组织架构和搭建规则，这种被理性化的规则如同“圭臬”内化到个体的认识和意识之中，挑战大多数组织思考“为什么迎合制度”。

企业在市场上竞争，往往形成适应该市场的竞争逻辑，面对新的状况组织逐渐拒绝对现存的惯性做出调整。一方面制度化降低集体行动的成本，如理所当然意识（Take - for granted）使得员工较少质疑组织目的。另一方面由于道德承诺，引起组织集体抵制组织变革，或最大限度地延迟变革的发生，使得组织变革呈现出更多的道德和政治意味。而集体认知和组织规范进一步加强共同特征，同样加深成功偏见。

（5）组织资源学派

组织资源是包含所有组织资产、能力、组织流程、企业属性、信息、知识等元素的集合，凭此制定执行提升自身效

能和有效性的战略。资源基础理论将异质性生产资源和能力视作组织持续竞争优势的战略资源，Barney（1991）强调获取或创造有价值、稀缺或难以替代的资源，并且具有一定模仿门槛限制竞争对手并巩固自身竞争优势。

持续的利润型增长来源于随着市场和技术的变动相应地进行组织结构和资产的重组和整合，组织不断升级进行生态匹配。资源基础观由于其静态特质以及假设持久的竞争优势，忽视市场动态性以及组织演化进程受到动态学派诟病，如企业长久性地占有异质性资源以及获取租金只存在非竞争性环境变量下，而现实复杂多变背景下，获取或开发互补性资源都不满足这一前提。

（6）能力学派

Prahalad 和 Hamel（1990）为廓清组织持续优势构建企业核心能力观并提出“企业是能力组合的载体”的论断[10]。但是 Foster（1986）通过对技术成长轨迹的观察、模拟和分析后发现，伴随着技术经过萌芽期和成长期，迈入成熟期的技术发展逐渐遇到瓶颈，试图通过改善能力提升竞争优势的愿望遭受技术天花板的打击。无独有偶，Helfat 和 Peteraf（2003）发现企业核心能力具有典型生命周期特征，特定技术轨道下组织构建核心竞争能力，能力迈入成熟期意味着核心能力同样逼近发展极限[11]。

演化和升级进程中，组织凭借传统问题突破和学习形成的历史路径构建专属竞争经验影响未来能力战略选择和发展，正如 Carroll 和 Harrison（1994）认为，能力是组织竞争历史、路径与竞争经验的函数[12]。核心能力程序、结构和惯例等载体的羁绊导致尝试通过颠覆式或跃迁式创新切换技术轨道的企业，遭受“能力锁定”的束缚，也称作“核心能力刚性”。当面临重大技术范式转变，企业引以为傲的核心能力快速被市场遗弃，转变成牵制企业生存和卓越的核心刚性。组织学习在这一过程中甚至起到推波助澜的效果，如竞争对手之间战略以及实施活动彼此模仿与威慑加剧能力陷阱。

近年来组织惯性吸引了管理学家和组织理论家的广泛关注。组织惯性不是偶发性地涌现于竞争优势、战略冲突、组织生态、间歇性升级（Punctuated evolution）、制度理论、组织资源观以及动态能力等理论研究中，而是逐渐渗透到组织的市场定位、产品更新、技术升级、组织创新等运营的方方面面，但各个研究领域采取独特的视角导致对组织惯性的认识仍松散和碎片化，完整的理论框架缺失未能帮助我们系统理解组织惯性产生的诱因、机制以及效果，禁锢组织惯性研究对一般管理理论发展的潜在支撑同时，削弱这些研究对经济和社会使命可能作出的贡献。

1.1.2 问题提出

创新驱动本质是通过对知识、技术、组织制度和商业模式构成的金融资本、人力资本和物质资源等有形元素重组，并将创新的知识和技术付诸物质资本、提升从业人员素质和科学管理等优化实践。中国企业在创新实践自主创新能力、资源能利用效率、产业结构水平、信息化程度、质量效益等方面差强如意的表现，一再引起学术界和实践界的关注，传统研究聚焦显性因素梳理或提炼组织创新的要素、路径和机理，未能触及组织实现创新本质，遑论解决创新低效的困局。

传统研究强调组织惯性是无知、技能不足、负动机以及组织僵化的关键肇因，是灵活和创新的另一极端。尽管有力地支撑组织稳定性、持续性以及规律性发展，研究进一步挖掘组织惯性改进、完善和自我强化的特征，协调控制、决策

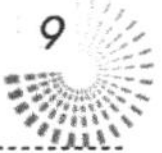

辅助以及学习存储等功能积极地促进创新。变革观下的组织惯性呈现多样化且自我演化的变化特征，Winter 等、Feldman 等、Pentland 等率先提出组织惯性是促进组织创新的内生因素、源泉和基本分析单元，为探析和认识组织创新的本质以及突破组织创新低效提供新的视角。

组织惯性逐渐成为企业战略和组织变革理论研究的重要分支主题。组织输出是组织当前状态既定条件下，外部投入和影响机制的函数，也是通过重复、积累和试错机制突破组织惯性施加的约束（见图 1－1）。但组织惯性理论下关于组织变革过程的篇章还未充分的发展，外部环境以及组织角力缺乏详实了解和认知："A common content omission lies in the failure to tie in theoretical arguments related to the initial triggers of organization change"[13]。组织打破惯性以及进行改革触发机制的有效识别缺失，无疑降低系统完整理解变革和惯性打破过程的可能。

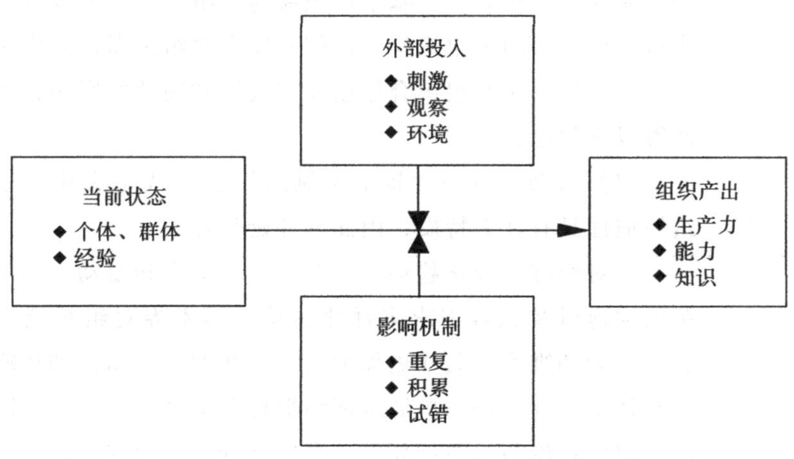

图 1－1 组织输出影响机制

组织变革制度学派认为，法规迫使或权威组织说服、普遍预期和通行体制规范驱使、效管理者偏好的战略干预惯性。组织变革理性学派强调环境波动带来绩效压力驱使组织惯性干预。更细致地组织惯性打破的诱发原因有五个：面临新状况、经历失败、达成阶段里程碑、团队规章受到干预和组织结构的改变[14,15]。开放式创新、创新生态诠释了组织创新规模、范围和边界前所未有变化，一方面通过组织间资源共享和转移实现资源耦合，实现凭一己之力难以推进的技术创新和迭代[16]；另一方面打破组织边界构建、补充、优化和完善资源和惯例，补偿环境更迭诱发领域重组导致的内耗[17]，即组织间合作创新为透视组织惯性干预与创新绩效形成演进提供新锐的视角，也为推动组织惯性研究实质性进展提供有益的参考。

综上所述，本书根据组织变革、动态理论和开放式创新理论，选定《开放式创新情境组织惯性维度及其干预机制研究》作为研究题目，从理论和实践上探索组织惯性的内涵、属性和结构表征并基于组织参与、组织间匹配度以及合作过程构建并验证组织间合作创新要素对组织惯性的作用机理，以及进一步对组织合作创新有效性和绩效的影响，以期回答以下问题：

(1) 开放式创新背景下牵制组织创新战略成功实施的组织惯性具有什么特质，内涵和外延是什么？

面对经济全球化趋势、产业边界的融合和变动、技术变革的加速以及顾客需求多样化情境，学术界对组织惯性概念、内涵和维度的关注更加细致，从初期结构惯性到战略惯性和认知惯性，进而扩展至网络惯性和关系惯性。与此同时组织惯性理论与组织创新、社会网络理论呈现交叉态势，囿于理论基础、研究视角和研究问题的差异，组织惯性呈现多种属性和特征，尚未形成一致结论。

(2) 开放式创新情境下，组织合作意愿、组织学习、基础知识匹配、专业知识差异、沟通交流和贡献一致对组织惯性子维度的直接影响是怎样的?

创新是组织生存和发展的不竭源泉和动力，跨越组织边界搜索补充性和异质性创新资源是破解创新困境的重要途径，通过梳理并构建开放式创新情境典型影响因素对组织惯性各个维度作用机制模型，结合规范和实证研究对此研究模型进行分析验证。

(3) 开放式创新背景下，组织主体特征、伙伴匹配以及合作过程对组织惯性的影响机理以及最终影响合作创新绩效的作用效果和机制是怎样的?

已有研究很少仔细地探究组织惯性的权变效应，本书基于权变视角，引入伙伴客体和合作过程界定组织参与和组织惯性的边界条件，衔接开放式创新理论和组织惯性理论，并使研究更具解释力和预测力。

1.2 研究意义

组织惯性概念提出之后，其结构、形成机制以及影响效应研究还处于探索阶段。近些年，国际顶级期刊陆续刊发了从不同视角窥视组织惯性内涵的前沿性文章，国内研究同样紧跟这一热点做出了有益的揭示和论述，但对该理论的系统性研究和应用还很稀缺。组织惯性是组织变革研究中的一个理论断层，应该将其发展成为一种理论，在此基础上，识别前因、结果以及作用机理。

从理论上看：首先，不同维度的组织惯性具有各自独特的运行逻辑和实现机制，组织惯性维度的识别有利于单独研究组织惯性各个子维度的功效，为廓清组织惯性各个维度可能复杂且难以琢磨的（complicated and elusive）影响机理，加深对组织惯性的理解提供可能，从而更好地避免和干预组织惯性。

其次，组织惯性是组织身处环境选择的产物，也是适应环境路径依赖的结果。特定情境下的组织惯性消极效果转换到另一环境可能降低、消失甚至反转[18]。老旧的组织惯性必须同步瓦解以保证组织创新活动的顺利进行，合作伙伴之间交互的资源、力量、可贸易程度、机制以及动机等因素冲击并弥散组织惯性，影响到创新活动过程和结果。本书尝试以开放式创新情境组织合作创新为触发因素，分析组织合作意愿、组织学习、基础知识匹配、专业知识差异、沟通交流和贡献一致等合作因素对组织惯性各个子维度的直接影响，通过识别组织惯性各个维度的影响因素，特别地廓清合作创新情境相关变量对组织惯性之间的多边关系，对丰富组织惯性理论以及合作创新理论具有一定的贡献。

再次，基于“组织参与—组织惯性—创新绩效”反应链条，揭示开放式创新背景下组织惯性对创新有效性和绩效的影响机制，构建并检验理论模型，对于深化组织惯性有重要价值。此外，相较于传统研究局限于探讨主效应或独立效应，本书揭示匹配度和合作过程的联结调节效应对组织参与和组织惯性关系的影响，完整地解释了组织主体、合作伙伴以及合作过程三方因素对组织惯性的复杂作用机理，深化挖掘合作创新情境以及内部组织参与的认识，为全面揭示组织惯性影响机制提供崭新研究视角。

实践意义方面：我国经济进入创新驱动新常态时期，技术环境、消费市场以及政策法规变化混沌、非线性动力学特征阻击追求平稳发展的企业。经济主体打破组织边界壁垒获取知识、技术、制度以及商业模式等创新要素，重组现有资本和劳动力等有形要素优化产业结构、化解产能过剩以及提升经济质量。组织承诺、能力刚性和技术轨道使经济主体演变成官僚化、市场反应迟钝以及风险厌恶型的惰性组织，组织和管理者应清醒地认识到组织惯性的存在和效果，继而探索如何规避和治理组织惯性的对策和途径，从而“多、快、好、省”地实现资金、知识、技术和人才资源提档升级。

同时，新技术或颠覆式创新开启新的技术机会窗口，经济主体可以通过较少努力突破市场或技术壁垒，快速实现追赶或市场重新洗牌占据有利地位。由于工业基础薄弱、创新能力欠缺，中国制造大而不强，总体仍处于国际分工和产业链中低端，伴随人口红利渐次弥散，“加工”“组装环节”等价值链低端环节的竞争力逐渐走低。清洁能源、先材料、生物技术、节能环保技术等新兴科技多重涌现伴随着全球化趋势提供宝贵追赶窗口。为避免技术研发、产品服务、商业流程和模式环节惯性多渠道地造成“单一性”创新，招致“创新型企业崩盘”，影响国家创新驱动战略的实施，组织惯性视域是分析中国企业创新追赶重要的切入点和研究前沿，具有重要战略意义。

最后，开放式创新背景下，组织间合作为组织持续的创新、实验以及快速的变革提供契机。组织间合作创新为组织进行价值定位提供保障，通过搜索、评估、解决问题以及交易等增值活动，为组织产品、服务的升级、技术和流程的改进、新市场的开拓提供一种新的视角和途径。无论身处传统行业或新兴行业的商业巨擘或追赶企业皆尝试通过破壁以期根本上调整经营方式、运营模式、经营观念、组织架构以及资源配置实现生存和发展。鉴于组织惯性与中国当前新常态经济背景的契合性以及可能带来的危害，深入该类问题的形成机制及干预策略显得十分迫切而且颇具现实意义。

1.3 研究内容和研究方法

1.3.1 研究方法

本书采用的研究方法主要有以下几种：

（1）理论推演

本书具有较强的理论探索性。国内外的相关研究处于起步阶段，大量的研究空白亟待填补，迫切需要透过文献阅读探索国内外研究现状、剖析存在问题以及提出尚需探索的研究点。本书结合组织惯例、动态理论、开放式创新和组织合作等理论，运用文献分析、比较研究、逻辑推演等理论推演方法，分析跨组织合作背景下组织参与如何突破自身惯性影响到合作创新绩效和有效性以及分析研究左右该路径的影响因素。

（2）扎根理论研究方法

本书拟采用扎根理论（Grounded Theory）的定性研究方法，在半结构化访谈的基础上探索开放式创新情境组织惯性维度，采用访谈、观察、整理文件/档案的方式逐步搜集数据，通过“因果条件—理论现象—脉络背景—中介条件—行动互动策略—结果”典范模型明晰开放式创新背景下组织惯性范畴以及动态干预机制，之后回到理论中去并使用各种理论来解释数据，直到对“理论”和“数据”之间的契合感到满意（徐淑英，2008），所使用辅助软件是

ATLAS. ti 6. 0。

（3）深度访谈法

访谈是具有指向性的谈话，而深度访谈通过引发受访对象阐述、诠释以及反思个人经验或事件，从而具象地深入探究问题或事件全貌。本书通过对访谈对象进行深度访谈获取信息，探究研究问题以及相关的概念和范畴。在访谈过中采取结构化访谈方式，事先拟定的提纲保障访谈内容与研究目的相关性，而开放性问题则相对避免先入为主的引导和干预，挖掘受访对象真实的想法。并且为了保障信息完整性，经受访者同意后对访谈过程进行全程录音。

（4）问卷调查法

问卷调查法也称问卷法，是调查者通过统一设计的问卷提出问题获取研究资料的调查方法。向调查对象通过邮寄、电话或网络平台个体分送或集体分发等多种方式发送问卷，调查者按照问卷填写答案。问卷一般包含卷首语、问题与回答方式、编码和其他资料四部分内容。相较于访谈法，问卷较之访谈更加易于控制并且成本相对低廉，随着信息技术的发展突破被动式问卷调查时间和地域的限制大幅降低调查阻力。

（5）实证研究

在分析组织合作创新背景过程中各项影响因素对组织惯性的直接效应和综合效应，检验解释变量和反应变量的关系，本书采用了问卷调查和统计分析等定量研究方法，进行信度、效度、相关、因素分析等技术考察各变量之间关系，还用结构方程建模（SEM）进行信度、效度检验和因素分析等，运用层次线性回归（HLR）考察变量之间相关关系和相互作用的方向。所使用的辅助软件是 Spss22. 0 和 Amos20. 0。

1.3.2 研究内容

(1) 组织惯性维度研究

研究内容包括：

第一，组织惯性相关研究的文献梳理。

第二，组织惯性维度的探索性研究，组织惯性构念相关内容和结构尚未完全厘清，通过深度访谈获取组织惯性的原始研究资料，而后按照扎根理论对研究资料进行科学的分析，从而构建组织惯性维度的理论模型。

(2) 开放式创新背景下组织惯性的影响机制研究

研究内容包括：

第一，开放式创新背景下，搜集和梳理组织因素、合作对象因素和合作过程因素作为影响组织惯性的潜变量文献研究。

第二，基于关键要素视角在文献研究的基础上选取组织合作意愿、组织学习、基础知识匹配、专业知识差异、沟通交流和贡献一致等变量，提出合作创新因素对组织思维惯性、学习惯性、资源惯性和惯例惯性的直接影响机制模型。

第三，研究假设。基于理论模型提出研究假设。

第四，信度分析、探索性因素分析、验证性因素分析，建立回归模型验证各变量对组织惯性各维度的作用路径。

(3) 组织惯性对合作创新绩效路径以及影响因素研究

研究内容包括：

第一，组织合作创新背景下，搜集和梳理组织参与、组织惯性和创新绩效三者间关系的文献研究。

第二，在文献研究的基础上，在文献研究的基础上构建“组织参与—组织惯性—创新绩效”研究框架，提出组织参与通过影响组织惯性作用于组织间创新绩效的传导机制

模型。

第三，辨析组织参与、合作组织匹配以及合作过程对组织惯性的影响关系，提出组织参与与合作组织匹配、组织参与与合作过程二维交互，以及组织参与、组织合作匹配和合作过程三维交互对组织惯性的影响模型。

第四，研究假设。基于理论模型提出研究假设。

第五，信度分析、探索性因素分析、验证性因素分析，建立回归模型。

第六，调节效应分析，通过层次线性回归的方法（Hierarchy Linear Regression），验证二维交互和三维交互的影响。

1.4 研究方案及可行性分析

1.4.1 研究方案

本书的研究内容涉及组织合作创新、组织惯性等，在具体研究中，将通过文献研究、理论归纳和探索性分析等构建理论模型，并提出研究假设；通过实证研究验证假设真伪，修正理论模型并形成研究结论；在此基础上，结合我国企业管理实践，进行运用研究，提出有助于改善组织惯性的管理策略。研究方案可详见图1-2的技术路线图。

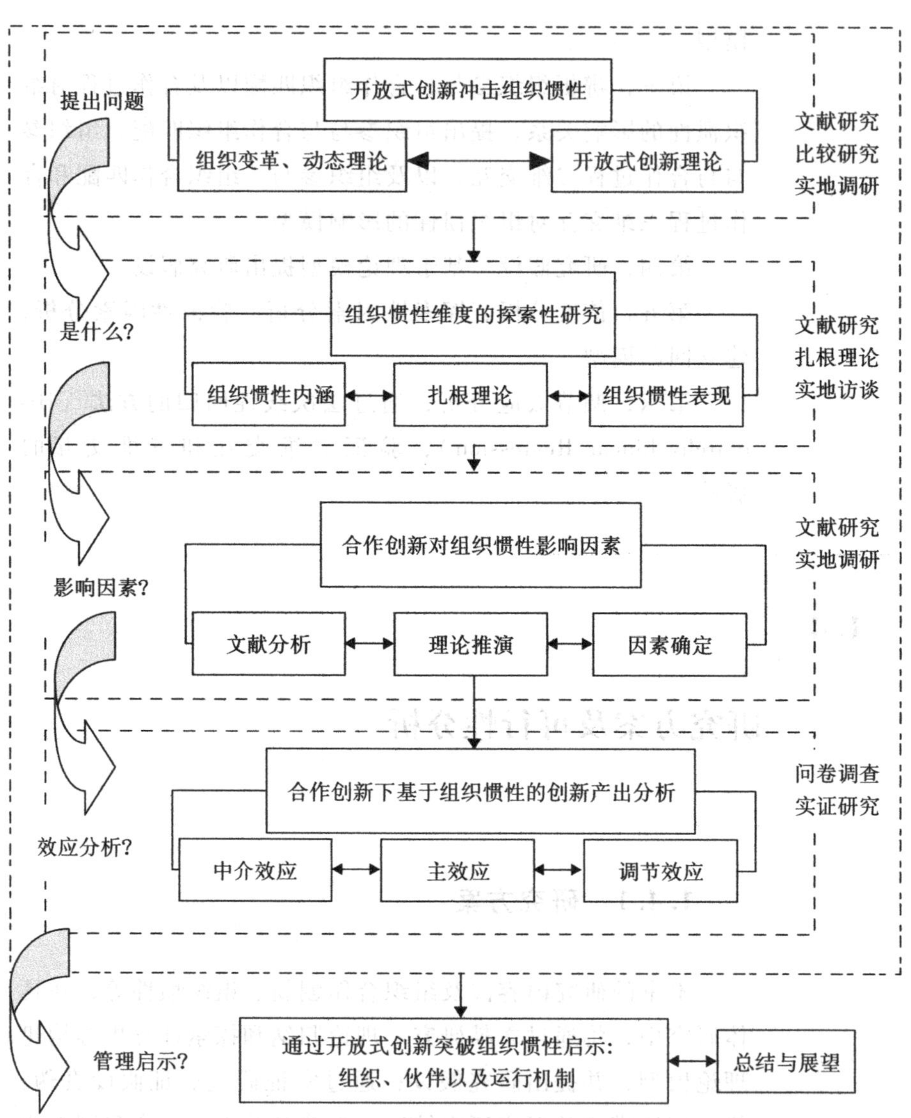

图1-2 本研究技术路线图

1.4.2 可行性分析

从本书拟定的技术路线可知，理论层面的研究安排和内在逻辑关系合理，技术层面的方法也大都是管理学研究中经常使用的成熟工具或方法，具有较大的可靠性和可操作性。具体来说：

(1) 笔者针对研究提出的问题已进行了较长时间的预研工作。围绕组织间合作、开放式创新和组织变革理论等内容，对国内外相关文献和资料进行了系统深入的研究，取得了众多一手资料。本书确定的研究内容、研究目标和拟采用的研究方法是可实现、可操作的。

(2) 笔者具有扎实的理论基础和较强的研究能力，完成了多项相关研究工作，所从事的领域涉及组织行为、企业管理、创新理论等，为本书积累了丰富的经验，并以同济大学经济与管理学院、宁波大学商学院、河北工程大学管理工程与商学院为依托，有较为完备的科研设施和良好的工作环境。

1.5 研究框架及内容安排

研究共分6章。

第1章是绪论。本章首先从组织生态理论、组织变革以及转型升级现状介绍了本书进行研究的现实背景和理论背景，并提出研究问题；其次，论述了开展本书的目的和意义，阐述了本书的主要内容、章节安排、研究方法和技术路线；最后，指出了本书的创新之处。

第 2 章是文献综述。在这一章中针对组织惯性的表现、产生机理、结果变量以及惯性的干预进行了文献综述，大体明确了国内外相关研究的现状。在此基础上，本书针对既有文献研究取得的进展、存在的不足进行了归纳总结，并提出了进一步研究的思路。

第 3 章是组织惯性维度的探索性研究。在这一章中，运用扎根理论对开放式创新情境组织惯性进行了探索。首先，本章介绍了研究思路，并提出采用扎根理论研究方法来进行理论构建工作；其次，本章介绍了扎根理论的研究方法，并对访谈对象的选取、访谈提纲的设计、访谈程序等方面进行了阐述；最后，按照扎根研究的规范依次采用开放式译码、主轴译码和选择译码对研究资料进行科学的分析，从而得出以“组织惯性”为核心范畴、涵盖四个主范畴、37 个正式范畴和 117 个初步概念的体系结构，为后续实质研究提供了理论依据。

第 4 章是理论分析和研究假设构建。本章在既有文献研究总结的基础上，扩展出以开放式创新为触发因素的理论研究构思，分别从组织合作意愿、组织学习、基础知识匹配、专业知识差异、沟通交流和贡献一致等变量，提出合作创新因素对组织思维惯性、学习惯性、资源惯性和惯例惯性的直接影响的机制模型，并以“组织参与—组织惯性—创新绩效”作为整体框架进行研究，提出组织参与和合作组织匹配、组织参与和合作过程两两二维交互模型，以及组织参与、组织合作匹配和合作过程三维交互对组织惯性的影响模型，其中共包含 12 个大假设，33 个小假设，在此基础上构建本书的理论模型。

第 5 章是研究假设验证。在研究假设和理论模型的基础上，完善研究设计，提出各个研究变量的操作性定义及测量，并制定最终的研究问卷。首先，说明研究设计的过程，包括问卷设计、变量的操作性定义和测量、数据搜集与分析方法等。其次，通过小样本检验检测初始问卷的有效性和可靠性。在此基础上通过大样本资料数据完成对本书的研究假设和理论模型的检验。结合实际调研结果通过信度分析、验证性因子分析、聚合分析、相关分析、层次线性回归等方法，对大样本数据进行描述性统计以及相关性分析，初步探究变量间的相互关系。最后，采用结构方程和层次线性回归等方法，对各变量之间的关系进行验证。

第6章是研究结论与研究展望。本章是本书的总结，在总结以上章节验证的结论基础上，根据相关结论提出本书的实践启示。在最后提出了本书的不足和未来的研究方向。

1.6 研究特色及创新点

连续变换环境下组织惯性保障组织高效运转是组织竞争优势的根源，遵循传统惯性即可获取稳定的经济成果；非连续变换环境下，固定的组织惯性制约组织生存和兴盛，招致组织走向颓败。当前我国经济进入“高速增长转向高质量发展转变”为标志的新时代，创新作为引领经济发展第一动力的作用更加凸显。知识创造和积累步伐加快，创新周期不断缩短，组织需要在极端的时间内动态调整。采取缓慢、渐变的演变视角研读组织惯性干预过程，显然误判了组织惯性干预的必要性。

囿于组织惯性静默以及权变特征，组织惯性的研究方法大多采取案例研究法或者横截面进行实证研究，影响到各变量作用路径和机理的科学性。后续研究应在初期逻辑演绎基础上构建适当理论模型并实证检验，基于经验证据验证逻辑结构。不仅如此，外部情境影响组织惯性形成和影响，同样应强调组织惯性干预过程以及内隐机理权变特征。故而，基于中国当前创新驱动转型情境，在沿袭并超越传统组织惯性分析方法与研究成果的基础上结合实地调研，通过理论分析与逻辑推导凝炼出本书的观点，并进一步分析和验证构造假设的正确性和有效性，最后对假设进行修正和完善，科学规范地延伸组织惯性理论，并对组织惯性和合作创新等理论进行了一定的扩展。

第一，组织惯性维度的划分。以往研究松散地从种群层面、组织层面、团队层面以及个体层次对组织惯性以及触发因素和影响路径进行了探索性的研究，但针对组织惯性尚缺乏成熟的结构框架，在一定程度上制约了组织惯性理论发展和实际应用。本书首先对组织惯性的内涵进行划分和界定；而后通过扎根理论方法捕捉和追踪创新驱动下情境组织开放式创新实践涌现出的新现象和新问题，系统地构建组织惯性的构念维度。

第二，开创式创新背景下，组织合作意愿、组织学习、基础知识匹配、专业知识差异、沟通交流和贡献一致对组织惯性冲击的直接影响。现有组织变革研究将经济因素作为引发组织惯性干预的牵引变量或结果，忽视了组织惯性干预过程利益相关者与干预过程的活动。自从开放式创新概念提出以来，组织间合作构建资源池、分担费用、共担风险以及加强资源利用完成单个企业能力之外的任务。本书选定组织间合作创新这一革命性实践冲击组织思维惯性、学习惯性、资源惯性和惯例惯性，系统考察了干预组织惯性的前因，深化了对组织惯性影响机理的认识。

第三，组织合作创新背景下，组织参与、组织间匹配以及合作过程对组织惯性的影响机理以及最终影响合作创新绩效的作用路径。开放式创新背景下组织惯性具有协同演化特征，并常常呈现叠加开启的多元状态，故对组织惯性的把握不能片面强调任何单一类型惯性的功效，同时应着眼于多维条件的共同效果。本书将在“组织参与—组织惯性—合作创新绩效”这一反应链条过程中尝试分析组织间匹配性、合作过程因素对该过程的调节作用进行验证，以期对更深入、全面的探讨组织间合作创新对组织惯性的作用机制。

1.7 本章小结

本章首先从组织惯性的危害及其研究现状介绍了本书的现实和理论背景，并提出研究问题；其次，论述了撰写本书的目的和意义、研究方法、可行性分析、技术路线，并详细阐述了本书的主要内容以及整体研究框架；最后，介绍了本书的创新之处。

第 2 章

文献综述

本章将围绕上一章所提出的研究问题，将对研究运用的理论基础和相关研究进行详细论述，进而实现与传统研究成果理论传承、完善和在扩展。Thompson（1967）认为，面对盘根错节的现象应该系统地将孤立的理论视角和方法整合，以最大限度地还原该现象真实的内核。故而，综合性的文献梳理有效地为相关领域知识的延伸奠定基础。在这一章中本书首先将遍布在不同研究领域关于组织惯性的碎片知识系统整合，从组织惯性的定义、组织惯性表现形式、组织惯性的产生机理、组织惯性结果变量以及组织惯性的干预机制进行梳理，还原关于组织惯性这一复杂现象的全貌；其次，在组织惯性理论起源和发展脉络基础上对已有文献进行简要评述；最后，提出本书拟解决的问题。

2.1 组织惯性概念

自 Hannan 和 Freeman（1977）首次将组织惯性学术概念提出以来，逐渐吸引学者的关注，不同的学者择取不同的视角给出了自己关于组织定义的理解。Huff 等（1992）认为，惯性包含个体承诺、金融投资以及制度化机理等对当前行为活动方式进行支撑等内容，是对现状进行维持的趋势、对当前战略部署之外调整、更新的抵触[19]。Gresov（1993）认为，组织惯性是组织不再学习和发展新能力，单纯沿用既有能力的一种状态[20]。Tushman 和 Romanelli（1985）惯性定义为面对外部变化，组织未能进行内部变革加以应对的状态[21]。Buchanan 和 Badham（1999）组织惯性是无意识保留的活动类别，与其相关的因素不发生变动就难以体现其存在[22]。Louis 和 Sutton（1991）认为，组织惯性是一个广义的概念，包含个体承诺、资本投入以及制度化机理等对当前行为方式的维持[23]。早期阶段组织惯性研究多采用生态学或环境选择视角强调资源、方法、能力和生态位等组织惯性要素是外部环境优胜劣汰之后的结果，是保障稳定和持续发展的基础，同时埋下组织僵化和能力陷阱的隐患，最强势的企业即便历经卓绝努力也难以抵挡被淘汰的命运。

未雨绸缪地针对内部、外部环境进行调整、变革，是 21 世纪组织共同的属性，组织惯性的理解也超越原始狭隘的理解。与之相对应组织通过持续更新、重置和再造资源和能力主动干预惯性适应外部环境[24]，组织惯性动态属性也逐渐显现。Hannan 和 Freeman（1984）认为，较强的惯性是指对当前环境下机遇和挑战的相对迟缓的响应。Feldman（2003）强调组织惯性是各参与主体相互依赖、重复可识别的行为范式，组织惯性参与主体认知以及基于此形塑的集体认为模式[25]。国内学者丁德明、茅宁（2007）认为，组织惯性是企业的各利益群体之间形成并维系的关系合约集合，反映组织内部的群体性认知[26]。陈锟（2010）认为，组织惯性是组织不再调整当前行动，各方力量保持相对稳定的状态[27]。综合来说，组织惯性嵌入组织规模、结构、系统、流程和认知中，将组织锁定在深层次隐性、难以识别和观察且稳定不变的行为范式。

伴随组织惯性概念以及在组织演化基础性作用逐渐明确，组织惯性作为组织基本的属性以及实现既定目标无法逾越的障碍吸引大量学术关注。通过梳理发现组织惯性定义包含三种类型：规则和程序类、群体行为模式类以及组织活动或认知偏好类。第一类将组织惯性与规范、制度和程序画等号，是未经思考或无意识移植。第二类通过组织惯性刻画群体重复、可识别的行为模式。第三类则融合主观意识廓清认知（记忆、思维和心智模式）与组织惯性形成和演化关系。组织惯性双元属性即同时强调稳定性和变革性，为组织惯性领域研究突破瓶颈再次繁荣奠定基础。

此外，研究也多方面地总结出组织惯性特征，具体呈现范式化、复制化以及群体化、动态化、情境依赖和路径依赖特征。范式化和复制化是组织惯性核心表征，体现组织惯性可重复且可识别特点；群体化则可以理解为组织惯性是涉及多个行为主体交互的函数；动态化则是组织惯性以及子构念具有内在、外在变化属性及演化潜力；情境依赖则是组织惯性嵌入情境，并且随着情境的变化呈现特殊表征；路径依赖则是组织惯性源自传统经验，同样铺就日后发展的路径

（见表2-1）。

表2-1　　组织惯性定义

学者	组织惯性的定义
Miller（1980）	面对外部变化，组织未能进行内部变革加以应对的状态
Hannan（1984）	惯性是指对当前环境下机遇和挑战的相对迟缓的响应
Louis（1991）	包含个体承诺、资本投入以及制度化机理等对当前行为方式的维持
Huff等（1992）	包含个体承诺、金融投资以及制度化机理等对当前行为活动方式进行支撑等内容，是对现状进行维持的趋势、对当前战略部署之外调整、更新的抵触
Gresov（1993）	组织惯性是组织不在学习和发展新能力，单纯沿用既有能力的一种状态
Uchanan等（1999）	无意识保留的活动类别，与其相关的因素不发生变动，就体现不出其存在的状态
丁德明等（2007）	企业的各利益群体之间形成并维系的关系合约集合，反应组织内部的群体性认知
陈锟（2010）	组织惯性是组织不再调整其当前行动，各方力量保持相对稳定的状态
Feldman（2003）	各参与主体相互依赖、重复可识别的行为范式，组织惯性参与主体认知以及基于此形塑的集体认为模式
Pentland和Feldman（2005）	组织惯性是多个行动主体参与的、重复的、可识别的组织行为模式
白景坤（2016）	组织惯性是组织完全依赖适应环境的基础上构建的组织范式，外部环境波动的觉察迟钝进而丧失适应新环境变化能力的现象
Starbuck等（1978）	组织惯性是组织产品、生产流程以及政策制定迟钝的表现
David（1985）	组织惯性是一种不可逆转的自我强化
Besson和Rowe（2012）	组织惯性是组织无法适应环境变化的根本肇因，抵制当前战略之外战略调整
Meyer（2011）	组织维持当前状态、固化和内部惯性的表现

资料来源：笔者根据相关文献整理。

2.2 组织惯性表征

组织惯性理论近些年呈现出蓬勃之势，组织惯性内涵、属性以及维度研究成熟度相对较低，学者从组织层面、集体层面以及个体层面抓取组织惯性表征，并且处于多范式并存的探索阶段。本部分对惯性存在角落的挖掘遵循从宏观到微观的逻辑结构，依次识别组织以及项目（功能）团队最终到微观个体惯性表现形式。

2.2.1 组织层面惯性

组织作为开放的系统持续与外部环境有效地交互：一方面，它必须提供能够迎合市场需求的产品和服务以期实现社会和经济价值，未能通过满足市场需求获取经济收益就难以支付持续经营所必备的资源；另一方面，必须有效地提供市场需要的产品和服务，至少以超过行业平均水平为基准参与竞争。为了实现生存和竞争，组织需要标榜效率的价值，个体承诺、财务投资和对当前活动提供支持的制度机制强烈地禁锢组织后续活动的方向和路径[19]，可能导致组织沉溺于能力陷阱（competency trap），传统资源配置范式偏好，重复适应性不佳的组织决策、组织管理和组织学习重复执行，无力满足当今经济环境能力和创新的要求，频频导致资源和战略分析见长的大型企业屡屡败退。

(1) 管理者认知惯性

管理者认知是指管理者的心智或信念[28]。管理者基于对环境持续聚焦、诠释和研判拟定并实施组织战略，是外部环境与组织认知的“桥梁”。有限理性使得管理者凭借对商业环境的简化表达加工大量信息以及解读涌现的新生事物和现象[29]，使得看似全新的决策本质上延续了传统思维范式和运作模式，作出决策的垃圾桶模型（garbage can）[24]。Godkin等（2008）发现部门较少的组织通常采用能力扩大战略，而部门冗余的组织往往凭借能力加深策略指导生产活动[30]，并且权力喜好加剧组织遵从固有商业模式。Hodgkinson和Wright（2002）研究发现，首席执行官眷恋权力采用保守的防御性逃避策略（defensive avoidance strategies）[31]。

正确的决策需要领导者通过长远视野感知、识别以及权衡内外部具有潜在支撑企业发展的相关要素。管理者即便成功捕捉机遇和潜在创新的可能，但主动思考缺失导致认知局限和门框陷阱浪费潜在机遇。如管理者加强市场导向满足当前顾客需求同时关注顾客未来需求并挖掘潜在顾客需求，但顾客导向型的营销理念并不是一朵无刺的玫瑰，过度倚重顾客的意见甚至会影响组织创新活动[27]，例如顾客的认知结构、信息搜索能力导致其产品缺陷以及提升碎片性的知识，使得组织偏离全新技术和产品的研发，忙于“修补、粉饰”当前技术和产品[24]。

(2) 组织资源惯性

组织资源是组织资产、能力、组织流程、企业属性、信息和知识等元素的集合。资源基础观强调组织内部专属资源构成组织竞争优势，帮助人们理解企业内部资源重要性以及如何凭借能力提升绩效。但是Barney（1989）进一步提出组织掌握的资产、技术、信息和知识等资源中，只有战略性资源具有构建优势的潜力[32]。令人惋惜的是资源学派静态研究视角彰显出很大局限，现有资源专注导致锁定效应(lock－in)，并降低实验能力。

演化经济学研究发现，技术范式变化过程中制造、分配以及营销类的补充性资产约束技术转轨。Teece（1997）提出的动态能力分析框架中通过“位势”这一构念，概括了组织的技术性资源、互补性资源、资金资源、声誉资源、结构性资源、制度性资源以及市场资源，并将各类资源归结为结构性惰性[33]。战略管理理论强调领导者改变、整合以及重组组织技能和资源的重要性。Leonard－Barton（1992）发现领导者对内部优势资源组合构建竞争力的偏好，常常导致基于核心能力撰写的传奇故事的迷信，滤除其他知识和智慧进而排除异质性技术创新以及对环境间断感知的能力[34]。

（3）组织惯例惯性

组织惯例简称“惯例”，是未经阐明的规则系统，为组织内部员工或其他组织提供难以描述或默会的信息和知识。组织内部为实现效率最大化，制定并推行一系列操作流程、规范以及反馈体系运作。尽管有时难以做到“有迹可循”，却可以在决策程序、生产计划、研发活动、市场扩展乃至价格制定等领域指引行动方向并获取认可与合作。

重复性地调用相对满意的惯例确保组织持续性、稳定性和规律性发展，同样支撑组织问责性、寻求政治保护并减少冲突。但是惯例逻辑导致路径依赖进而引起组织僵化并沉溺于能力陷阱，快速地应对传统问题却难以灵活地迎接涌现的突发状况。Becker（2004）强调惯例是基于原有状态微量的响应，“持续却难以调整”是组织逐渐丧失敏锐捕捉和应对环境响动的关键肇因[35]。简泽等（2020）发现惯例自我强化特征显著优化当前路径下的技术能力和效率，同时牵制组织探索和技术轨道转移，降低其关于颠覆式技术变革的抱负和想象[29]。实践领域曾经彪炳质量管理强调标准和规范的价值，但百年发展涌现的质量检验、统计控制、全面质量管理、战略质量管理和经营质量管理，降低创新模糊性以及提升破坏规则的担忧，循规蹈矩忽视最优流程的挖掘造成核心刚性阻碍组织创新。

进化理论视角下的组织惯例是动态环境下组织遗传物质的载体。组织发展壮大过程不断地突破困境获取知识，知识通过沉淀并与组织流程和决策规则融合成为其中部分。Teece（1997）在动态能力分析框架中提出“路径”构念，刻画组织基于历史事件和经验构建的规则或惯例，约束自身技术性资产、互补性资产、财务资产、名誉资产、结构性资产、制度性资产和市场资产等结构性惰性因素配置和编排[33]。简泽等（2020）发现技术应用和推广产生的知识不断沉淀加深组织惯例化水平，“干中学”和经验积累不断地再现并加强使得惯例和内部流程融入组织血脉和筋骨[29]。惯例也可以散布在不同行业和地域之中，并且在不同的活动主体转移。但是，惯例转移的过程充满了未确知，活动参与者认知的有限性难以穷尽所有备选方案以及每一个备选方案所有实施效果不确定限制惯例的传播。

（4）组织学习惯性

学习惯性刻画相对固定的学习来源和渠道以及僵化的知识加工规则导致学习效果收效甚微的现象。Argyris 和 Schon 在1978年两人合著的 *Organizaal Learning：A Theory of Action Perspective* 提出组织学习是组织基于长期效能和生产发展的需要，通过各种对组织根本信念、行为、态度和组织结构进行的各种努力以迎合外部环境的变化。Senge（2006）将认知科学和组织学习相互整合，在其专著《第五项修炼》中首次提出学习型组织，强调组织需要持续性学习蜕变与突破[36]。

组织学习倾向于简化经历和知识，极简逻辑关系追求将知识和能力收敛在擅长领域，加强组织学习效率和促进变革的同时导致高强度路径依赖。路径依赖影响下组织学习呈现“就近搜索”或“边际搜索”特征，致使组织落入学习陷阱[29]，对涌现的陌生知识置若罔闻[37]。Levinthal 和 March（1993）创造性地提出短视学习（myopia learning）这一概念，刻画组织通过局部或有限的可能搜集信息，有限范围内的竞争经验约束组织认知竞争逻辑的边界，导致偏差决策使得组织与其他竞争逻辑适配性不佳[37]。

组织学习惯性类型研究结论相对繁杂，Shalikar 和 Lahoutpour（2011）发现组织活动中存在学习惯性和经验惯性，其中学习惯性刻画但凡以往经验和知识可用，就不需获取新的知识的现象；经验惯性是组织在活动领域经验相对欠缺，难以克服经验不足其带来的障碍[38]。Godkin 和 Allcorn（2008）基于组织记忆和经验两方面的内容补充组织学习维度体现的行为惯性[30]，认为六种学习方式造成了组织学习效果和学习周期中断。角色限制学习（role - constrained learning）能够使员工具备所需的知识，却与要处理的问题不相关，不能施展获取的新知识；听众式学习（audience learning）使个体能够运用所获取的知识调整自身行为，却无力说服他人。实务典范通常就这样被忽视了。迷信式学习（superstitious learning）是员工个体对组织活动施加于环境影响的错误理解，操作、竞争者以及任务环境的失真的报道是导致迷信式学习的手段之一；情境学习（situational learning）是员工个体即兴创作型解决问题，然而该积极效果无情被组织忽视，未整合组织到组织的记忆当中，实务典范并未正式发现并被组织掌握。碎片式学习（fragmented learning）起源于未能完整的将组织习得的知识融合到组织记忆当中，碎片化的学习在分散型组织格外显著，缺乏外部网络将自身知识进行贯通。新知识有效利用的关键是知识不断地捕捉以及长期的保留；机会式学习（opportunistic learning）是由于政策、流程、规则以及心智模式不能与特定环境相匹配。该六种学习方式以学习活动将知识和能力收敛到现有活动附近。

有限理性和成本驱动的学习和经验惯性导致组织学习、知识汲取和流通扩散效率低下[39]，组织学习通道过载、依赖先前知识和沟通简化阻碍集体学习捕捉、整合以及运用知识优化生产力。Stanislav 等（2003）构建组织经验学习（experiential learning）、外部环境结构调整和组织自身的特征（规模以及生态位宽度）的交互关系模型，厘清组织变革以及变革带来的结果之间的影响机制，发现学习和惯性都起源于以往经验活动，因果关系和底层逻辑欠缺，强调实施细节的调整，效果相对有限，带来机遇的同时也带有约束的意味[40]。因此 Cope（1998）抛弃适应性学习和生产性学习，主张通过三重学习模式颠覆根深蒂固的既定模式、社会准则以及行为方式[41]。

学习效果是正式与非正式的例行程序支配的函数[42]，组织以及内部不同部门针对战略制定、产品研发、产品改进和流程改进等活动构建多种惯例以期快速挖掘每个知识微粒的价值。战略制定包含报告、专业媒体、座谈会、会议、培训课程、私人沟通网络等活动促进个体学习；组织层面包含SWOT分析、市场分析、技术预测、竞争者标杆、战略会议、审计、使命陈述、报告、在线公告等常规性活动。产品研发过程个体可以经过会议、期刊、专业培训、高校、顾问、专业供应商或使用者交互进行学习，组织则囊括研发试错、探索、联合研发、跨功能项目团队、报告、科技出版物、研讨会、小组会议、在线数据库等惯例活动。产品改进活动下个体经过新产品试错、原型、设计实验、技术培训、使用者交互增加自身知识，组织通过市场分析、技术和市场知识的集合获取产品改进知识。工程学徒制、技术培训、现场经验为个体获取流程相关知识、全面质量管理、质量控制、实务典范；流程改进试错、标杆、合资、实务典范的分享为组织贡献流程改进的相关信息，常见组织学习惯例和流程表征详见表2-2。

表2-2 组织学习惯例和流程表征

	战略制定	产品研发	产品改进	流程改进
		知识		
个人专业知识	技术、竞争者、市场、内部能力、外部机遇	专业知识、技术知识以及使用者信息	工艺知识、技术、市场、顾客相关知识	流程相关知识、全面质量管理、质量控制、实务典范
人力性知识（网络）	内部网络、竞争者、供应商、分析者的沟通	内部科技网络、外部联系（高校、基础科技合资企业）	内部专家、外部使用者以及市场	对标网络、供应商、顾客以及咨询企业的联系
事实性知识（惯例和流程）	角色、建议以及说服	项目建议、预算、项目团队构建、借调、报告、项目管理、绩效评估、非正式“臭鼬工厂”		
		惯例		
个体学习	报告、专业媒体、座谈会、会议、培训课程、私人沟通网络	会议、期刊、专业培训、高校、顾问、专业供应商或使用者交互	新产品试错、原型、设计实验、技术培训、使用者交互	工程学徒制、技术培训、现场经验

续表

惯例				
组织层面	SWOT分析、市场分析、技术预测、竞争者标杆、战略会议、审计、使命陈述、报告、在线公告	研发试错、探索、联合研发、跨功能项目团队、报告、科技出版物、研讨会、小组会议、在线数据库	市场分析、合资、技术和市场知识的集合	流程改进试错、标杆、合资、实务典范的分享
控制惯例 引导惯例	资本积聚下的金融和预算机制、人力资源管理以及激励措施、组织结构、项目管理过程			

（5）组织结构惯性

组织构建高度可复制的组织架构实现可靠性和可解释性，但是角色结构、权威结构或沟通结构高度可复制性，一定程度映射层级制以及部门化的组织架构和业务运作方式高度的惯性。Tushman（1996）以生态学视角对组织惯性发生机制进行了研究，发现组织内部结构、任务相互依赖伴随组织的成长和复杂程度同步发生，而组织复杂度和依赖性触发组织惯性[43]。Collinson 等（2006）研究发现避免员工不必要流动并强调管理过程的J型组织难以针对外部环境进行快速调整[44]。陈锟（2010）针对组织规模的研究发现大型企业过度以顾客为导向，强调顾客维系良好的关系是企业生存前提和关键，但是由于破坏型技术影响到组织相对稳定的营销网络，被迫将突破式技术创新的识别和开发置于相对次要的位置[27]。

Hannan 和 Freeman（1984）依据组织边界将组织结构惯性肇因归类为组织内部和外部两个方面；组织内部招致结构惯性的原因包含沉没成本、政治联姻以及成为行业标准倾向，外部原因则是进入或退出当前活动领域各种壁垒[18]。结构复杂以及官僚主义盛行的大型企业任何细微的反应可能牵扯不同的利益团体，组织内部跨职能部门的协调与合作笨拙且迟缓会耗费巨大的时间和精力。《企业 X 再造》呼吁组织充分挖掘社会网络的优势，跨越组织边界将流程和惯例灌输给客户、供应商甚至竞争对手，业务流程共生性再造和创新实现经营业绩提升[45]。操纵外部机构的交换关系，如功利性单方终止合作违背信任机制和互惠规范，降低组织行业权威性和美誉度难以获取合作认可，并且结构调整威胁到合法性，制度性支持的丧失也会带来毁灭性影响。组织结构调整示意图见图 2－1。

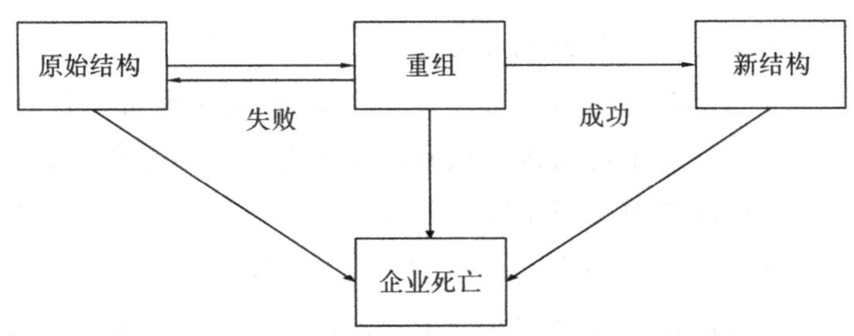

图 2－1 组织结构调整示意图

但是臃肿的身躯带来的并不一定是坏结果，Michael 和 John（1984）结合组织变革理论和种群生态理论从组织结构角度入手分析组织惯性的表现来源和表现形式，研究发现选择过程更加倾向组织结构难以变动的组织[18]，也就是说结构惯性虽然不利于组织创新和组织绩效，但是规模冗余的组织丰富的资源禀赋和知识基础保障其较长的生命周期，即“百足之虫死而不僵”。

（6）组织网络惯性

网络惯性是网络成员间重复、独立可识别的行为模式，嵌入组织知识集合中，由不同元知识编撰组合形成的序列结构产生并维持稳定的平衡状态[25]。产业分工精细化的当下

组织处于产业链的某个或若干阶段，与供应商、顾客、联盟伙伴甚至竞争对手等利益相关者互动。外部良好的网络关系支撑组稀缺资源转移和扩散促进内部创新，网络伙伴之间深度互动构建信任助力组织间协作。

网络惯性是网络运行的基本构成和底层要素，是维持虚拟合作组织运行的前提，承担约束规范组织活动、协调合作关系，并且促进资源交互功能。党兴华等（2013）强调网络惯性是维持和协调技术创新网络运转的基本前提[46]。Zollo等（2002）认为网路惯性是组织间重复合作衍生的稳定模式[47]。孙永磊等（2014）强调网络惯性是网络成员反复互动构建的共识性创新行为范式和网络规范，并且将组织惯性解读为影响组织创新能力施展的重要元素[48]。

网络惯性协调控制、决策辅助以及学习存储效应赋予组织技术创新和突破便利优势。但是合作网络寻求解决方法的依赖，而非内生性寻求突破逐渐造成“集成导向”惯性和网络嵌入惯性。孙永磊等（2014）警醒地认识到网络惯性体现焦点企业对网络关系的认知和嵌入程度，惯性程度导致差异性合作创新绩效，而网络惯性消极影响需要进一步探究[48]。响应这一呼吁，跟进的研究发现网络联结指向固定的交易伙伴、网络内部同质性降低异质性资源交互以及新机会开发的可能，如彭新敏等（2016）发现网络惯性限制焦点企业与更有效率联结主体合作学习，并且导致决策次优锁定以及损害长期适应能力，最终危及企业长期发展[49]。

2.2.2 团队层面惯性

惯性同样造成项目（功能）团队疲于招架层出不穷且无迹可寻的新状况和挑战[34]。软件数量与硬件配置协同发展为组织带来利润，Electronics 工作站惯例式地强调硬件配置（Hot Box）的重要性，忽略应用软件生态系统的构建，缺乏应用软件配套硬件的研发与推广逐渐成为组织成长和发展的枷锁。此外，团队内部员工之间关系也为同质性活动提供温床，Hewlett Packard 150 项目发现工程设计人员基于“邻座”同事的需求和技能作出设备发展的决策（next－bench design），然而工程人员难以代表个人电脑用户的需求，传统的信息以及设计反馈源难以运用在该项目活动中。除此之外，惯性打破带来的消极情绪也迫使团队恪守传统活动和路径，如 Gersick（1990）从波音 737 防冰冻团队的研究发现，群体性思考、焦虑情绪、相关权利以及维持对团队内部不满和偏差的解决产生遏制性效果[15]。

另一类聚焦团队层面关注惯例或典范模型（best practice）复制转移难以发挥效果的复制困境。首先，惯例或典范模型“颗粒”异质性是造成复制困境的肇因。管理或典范模型的移植并非简单地复刻，而是有机协调的过程。学者认为，复制困境缘起模仿和迭代之间的悖论，精确复刻和适应性调整之间的张力挑战 INTEL 等行业巨头[50]以及普通的药物研发团队[51]。Zander 和 Kogut（1995）通过对瑞士 35 项重大创新的研究追溯导致组织惯性的原因，研究结果发现只有简单易懂的能力才具备快速转移的可能，复杂和崭新的知识囿于组织整体的沟通缺失更容易导致惯性[52]。其次，复制困境的根源在于惯例或典范模型较强的情境依赖特征，新环境下移植的组织惯例或典范模型应用价值饱受诟病。魏龙等（2021）进一步扩展情境等同于外部应用环境的传统假设，认为网络结构与知识资源同样属于应用情境[53]。此外，地域嵌入性、历史嵌入性以及关系嵌入性同样左右惯例转移和有效性。即便排除上述复制困境的原因，“NIT”（Not Invented Here）综合征同样阻碍惯例或典范模型的扩散、融合以及接收。

2.2.3　个体层次惯性

已有研究对组织惯性的观察多数停留在组织或群体层面，但是个体层面组织惯性同样是观察组织惯性的窗口，微观个体心理、动机和行为直接形塑组织惯性，是构建组织惯性的微观基础。

微观个体层面，模式（schemata）、原型（prototypes）、脚本（scripts）、态度（attitudes）以及陈规（stereotypes）等标准化解决方法（standard behavioral solutions）简化任务，增加任务掌控能力同时个体员工凭借思维惯性（less mindful）应对常规性活动，较少考虑调整和变革的需要。个体能力影响其行为并伴随不同场景转换和时间推移而变化，依赖标准化行为模式的员工，关注重心始终聚焦于既定显著的特征，降低其认知能力，即便资深员工优秀的工作能力和经验也往往束缚组织变革的脚步。Collinson 和 Wilson（2006）研究发现员工的专业知识以及专业知识发展、整合以及利用的惯例随着时间不断演化，加强组织的效率和促进变革的同时，也引起高强度路径依赖[44]。科学家以及工程师之间形成的网络连接以及知识管道，自增持特性加强信息交互深度的同时却以广度和韧性为代价，浪费与其他潜在智库构建长期合作关系的机会，如 Cohen（1991）不同环境下的材料结构以及结构特征对半导体材料——砷化镓以及晶元表面蚀刻的发展应用的计算机模拟发现，专业人员羞于面向外部专家或高校科研部门咨询，阻断创意和观点激荡与碰撞唤醒蛰伏专业知识的路径[54]。

通过梳理发现学者对组织、群体和个体层面组织惯性关注分配不均衡，主要聚焦组织层面，并且不同层次组织惯性之间逻辑关系仍未能给予清晰的解释。动态理论研究越发认为，微观个体的心理特征、认知模式以及行为偏好是破解组织惯性谜题的关键，微观心理、认知和行为的汇集上升为群体与组织行为模式，进一步影响组织惯性的效能。林海芬和尚任（2017）认为，群体层次的共享基模和行动倾向是核心，组织层次显性规范是提升，而微观层面专业素养是基础，但是组织惯性研究体系仍未能给予微观层次基础性作用以及跨层次研究足够的重视（见表2－3）。

表2－3　　组织惯性表征及其代表作者

惯性表征	代表性研究	聚焦维度	典型阐述	研究层次
认知惯性	Huff，1992；Meyer，1993；Boyer & Robert，2006；Huang，2013；Menges & Kilduff，2015；Shalikar，2011；Tripsas，2000；Becker，2004；Kaplan，2005；	过往经验 成功经验 合法性	员工一味求助于以往知识和经验，抵触新知识和新方法； 决策者依赖以往战略研究当前形势、制订计划和决策，全新的决策延续以往的思维以及运作模式（如垃圾桶模型）	组织层面 个体层面
学习惯性	Shalikar & Lahoutpour，2011；Godkin & Allcorn，2008；赵卫东，2012	学习短视 学习经验	资源交互加深补充性、协同性关系的构建，导致强社会关系学习，造成同质化信息交换和知识共享； 学习是一把双刃剑，招致学习短视和路径依赖； 学习经验积累带来收益的同时固化网络中个体、集体的知识集合限制网络整体的创新力	组织层面 团队层面 个体层面
结构惯性	Hannan，1984；Hannan & Freeman 1984；Meyer，1993；Huang，et al. 2013	组织年龄 组织规模 组织结构	经验推崇和维护，制度化、合理化导致路径依赖，厂房、设备和人员沉没成本造成组织结构惯性，使得任何细微的调整与变革都难以为继	组织层面

续表

惯性表征	代表性研究	聚焦维度	典型阐述	研究层次
资源惯性	Meyer & DeCastro，1993；Dobrev，2003；Huang，2013；白景坤，2017	资源承诺 资源依赖	资源依赖以及现有投资的增持特性导致资源惯性，在位企业基于补充性资产偏好部署制造、分配和营销类的补充性资产	组织层面
技术惯性	Teece，1986；Leonard，1992；Wu，2013	技术轨道 技术路径 转型升级	技术和路径自增持特性引起组织技术惯性	组织层面 团队层面
网络惯性	Briscoe，2011；吕一博等，2015；魏龙等，2021；党兴华等，2016	强联结 嵌入过度 封闭式网络	外部隔离、认知锁定遏制探索能力的扩展	组织层面 团队层面 个体层面
整合视角	徐小东，2000；白景坤，2017；Hagg，2014；Besson & Rowe，2012；陈松涛 & 陈传明，2004；简泽等，2020		战略资源和组织自我强化、投资不可逆性、核心技术低开拓性、资源流动限定性以及组织心智模式封闭性	组织层面 团队层面 个体层面

2.3 组织惯性障因识别

连续变化环境下组织惯性有利于实现组织效率，非连续变化环境下组织惯性成为影响企业持续成长的关键肇因。现有文献采取组织生态学、新制度组织理论、路径依赖理论和资源基础观等理论从交易成本、社会曳引（Social Entrainment)、社会影响以及组织规范视角抓取组织惯性障因，尚未达成默契。

2.3.1 组织特征

组织寿命与组织惯性休戚相关。Kelly & Amburgey（1991）实证研究发现组织惯性与组织寿命正相关[55]。Michael & John（1984）发现随着组织寿命的增长死亡率呈现指数下降，而再现性指数性上升[18]。苏敬勤等从生命周期视角切入廓清生命周期与组织惯性的关系和影响机理，研究发现初创时期组织惯性保障组织运营的高效和稳定，伴随着企业生命的延续，产品技术升级节奏和市场环境波动挤出组织惯性积极效果并逐渐制约企业调整适应[56]。企业频频借鉴成功经验构建可靠性和问责性，面对新环境下再重组以及改革要求，寿命较长的组织甚至偏好实施相同或类似的变革[57]。简泽等（2020）认为，成熟阶段的组织对效率追求引起的过度专业化会冲击组织追求颠覆式创新的动机和能力[58]。

规模庞大的企业容易受到嵌入式规章、惯例以及繁文缛节手续的影响[59]。组织规模不断扩展同样是内部规章制度和惯例活动构建的过程，彼此盘根错节、相辅相成导致“大企业病”。伴随着组织规模的逐步扩大，组织内部结构和关系越发的复杂，任何微妙的调整牵扯不同的利益团体，对组织变革的响应更加消极和对抗，Ginsberg（1990）研究结果证实组织规模遏制组织战略调整，组织规模越庞大抵制组织变革因素越多元，导致组织惯性越大[60]。刘海建等（2009）Colombo 和 Delmastro（2002）索性直接通过管理层级数量刻画组织惯性[61]。陈立新（2008）强调庞大的组织结构是导致组织惯性的关键肇因[62]。

为降低组织规模对组织惯性的消极效果，实践界偏好通过构建多层递阶业务系统实现信息、指令和资源相互独立，调整只波及该子系统单元内部，系统外单元无需进行环状或者链条式变动，显著地降低单元内部平衡和协调的时间和精力。二元组织结构熟练地运用该逻辑，构建紧密耦合却又松散联系的子单元，子单元内部共建相同的目标、文化和配置，但是子单元间目标、文化和配置呈现差异且处于松散耦合状态，地域分离调和双元悖论。但是研究发现系统单元间和子单元间跨职能部协调与合作笨拙迟缓。组织规模冗余并非百害而无一利，Greve（1999）针对目标、负责人、技术和营销策略变革对组织绩效影响研究证实，惯性伤害绩效但组织规模显著缓冲该过程，“百足之虫死而不僵”[63]。

2.3.2 组织合法性

组织合法性（organizational legitimacy）是由规范、价值、信念和定义建造的社会体制内，判断组织活动可取、恰当以及适切等通识性感知和假设[64]。合法性理论分析框架包含适应合法性和战略合法性两大视角。适应合法性视角基于制度理论强调企业生存和发展嵌入特定制度环境。Meyer和Rowen（1977）强调组织必须适应法律制度、文化期待以及社会规范和观念等“广为接受”的常识实现存续[65]。制度遵从充分享受减免税收、政府补贴、土地使用权、政府采购合同等政府控制的有形资源以及外部企业认同和社会公众的道德判断。

制度逻辑过分关注迎合规制、规范和认知合法性，而战略合法性深入挖掘自身主观能动性将合法性视作可以驾驭的重要资源，一方面通过缔结关系网络主动地影响甚至塑造制度环境，如政治活动；另一方面通过实施真实或伪装合法性的活动营造美誉度[66]，两种合法性经营战略通过资源选择和配置获取资源、技术、政府扶持以及赢得顾客忠诚度，弥补强制趋同、模仿趋同以及规范趋同对组织的约束[67]。

合法性源自组织与利益相关者、公众和政府部门期望的一致性，反映组织获取相关资源拥有者的认可程度[66]。资源拥有者倾向为符合社会价值观和道德规范的组织提供资源，而合法性体现组织活动满足社会规范和价值观，合法性较高的组织通过自我复制节约耗时间和成本。组织对其资源配置以及决策、规则、活动等整顿过程做法理性，说明一定程度上阻碍组织适应环境。伴随着合法性波动产品和服务认可程度、规范接受水平以及政策扶持等困境接踵而至，即便拥有丰富资源和能力潜在配置方案，组织依旧需要在合法性框架下通过“适应—脱离—再适应”实现持续成长[68]。

2.3.3 认知障碍

认识（cognition）是活动主体认识世界的活动，包含知识的获取、加工以及运用。认知体现两方面的内容：首先是注意、知觉、思维和记忆等认知过程，也是知识获取、加工和运用的过程；其次是活动主体头脑中知识结构，也是知识存贮方式和内容[69]。组织情境下的认知障碍表现为源于经验的认知基模、认知范式、认知框架以及认知地图影响组织新信息获取、编码和科学决策等过程，或基于数据驱动通过当前或新信息塑造处理过程并融合发展现存的认知图示。

管理者调用以往成功经验，或通过演绎或归纳的推演，或通过解释和归因筛选领域信息，拟订适合组织成长和发展的决策，实现核心能力的孕育与进阶。管理者对外部环境异动的敏锐感知是支撑组织发展、构建竞争优势以及占据竞争统治地位前提，但是长期积累的深层次的结构记忆导致战略活动多是出自惯性[70]。米勒（Miller，1994）基于36家企业数据梳理发现成功的经验导致结构和战略等惯性[71]，无

法识别和挖掘潜在机会窗口且加重对外部环境误判和误读的风险。在学界勠力同心抨击管理者成功经验的消极效果，Felin等（2011）认为，能力越大责任越大，伴随成功的责任感快速增加才是导致管理者防守倾向性的关键[72]。

个体习惯性地将外在刺激的若干细节与特定整体概念相关联，主观或无意识地过滤掉相悖信息以保留符合自身认知内容的细节[73]。林海芬等（2017）发现管理者习惯投射认知基模高度相关或相似的属性和关系诠释陌生环境和事件，通过类比将陌生情境转换为熟悉情境[74]。Tripsas和Gavetti（2000）对数字成像技术的发展进行跟踪研究发现，管理认知的有限理性强化了组织惯性并对组织能力的更新换代产生不良影响。

特别需要强调的是，管理者对形成个体认知并通过结构调整和运用流程优化等现实意义构建灌输并形塑群体认知[75]。共享基模和共同行为倾向实现个体认知到组织逻辑的跨越。共享基模体现相关主体对共同情境的一致性理解以及适应环境努力协同性预期，基于此相关主体行为耦合产生一致性联合行动倾向，通过高密度和强度的显性互动不断固化，最终呈现稳定的群体联合行为[74]。

行为主体内隐的认知结构或认知加工能力，能够通过知识结构、态度和信念等特性深入诠释行为本质的心智模式同样逐渐引起学术界的注意。Senge（2006）在《第五项修炼》首次提出心智模式概念，刻画根深蒂固影响个体或群体认识世界以及探索世界的假设、成见和印象等，并强调组织持续性系统思考、自我超越、提升心智模式、构建共建愿景以及群体学习蜕变与突破[36]。商业巨擘构建专属品牌战略，凭借优质的产品或服务体验培养并占据客户心智模式，Trout和Ries（2001）强调组织战略定位经过产品定位、质量定位已经迈入心智定位时代[76]。

初期对心智模式的定义源自机械论，认为心智模式是控制系统的隐喻，是旨在完成任务的控制标准或策略。移植到人类的心智模式是经验、观点以及突破困境的策略和基模。组织情境下的心智模式是生产经营活动逐渐形成和衍生的持续性和程序化思维感知和理解的框架，潜移默化地浸润、渗透并最终影响员工或组织行为、决策、认知和评价，甚至预判系统未来趋势从而提前行动。Cannon 等（1993）研究证实共享心智模式使得团队成员预判团队活动的走向和需求，主动调整行为甚至牺牲小我成就群体绩效[77]。

心智模式规范行为主体应对涌现的问题观察、诠释以及解决，凭借心智模式与周遭情境交互并形成活动策略[78]。但是心智模式遵循跳跃性推论的逻辑范式，基于个别案例推演、归纳粗浅且对规律予以概括，并以此指导实践需要谨慎证伪[78]。心智模式作为筛选机制过滤与自身信念相悖的具有潜力的创新机会，导致集体战略短视、偏好性感知、视野和思维狭隘。Barnett 和 Pontikes（2008）发现近期竞争经验、国外竞争经验以及不同规模企业的竞争禁锢组织竞争逻辑导致成功偏见[79]。沉迷于零缺陷和第一次权利（do it right first time）等奢侈的心智模式延误组织退出革命性创新产品。同时，心智模式与短视学习联动固守传统规则并规避变革[30]，譬如全世界范围引领性的流水线生产作业的福特汽车享受市场垄断地位支配感，僵化的组织架构未能成功与组织学习和吸收能力协奏共同抵御市场变化，两度跌落神坛。

2.3.4 企业文化

企业文化是历史文化积累在组织成长进程中的功能结晶，以特定哲学思想为引领，基于约定俗成的社会行为准则和道德规范，融合组织经营理念和成功经验共同塑造的行为观、意识观和基本假设模型观[80]。企业文化在组织管理各实践过程和环节具有导向、凝聚和激励等效果，是改善组织管理效率和效果的关键，也是组织战略性竞争优势的重要构成。

与保障组织成长和繁荣的有效手段传统认知相悖，Meyer 和 DeCastro（1993）发现伴随着时间的流逝，价值观念、行为准则和意识形态在组织不同层面越发根深蒂固且难以改变[81]。高静美和陈甫（2013）甚至将企业文化解读为组织生存方式和经营习惯[82]。Loch（2013）发现，强烈的集体认同感导致强大组织频频调用惯例，组织文化发挥凝聚力的同时无形中强化组织惯例[83]。纳德拉振兴微软、郭士纳成功让 IBM 大象跳舞，而科达和诺基亚因固化的价值观和经营理念与以人为本、锐意进取、追求卓越以及敢于超越的时代精神和价值取向相互违背，搁浅战略和业务变革于暗礁。反观国内零售领域巨头苏宁和国美囿于自身文化基因重塑未竟与互联网耦合，被京东和天猫超越遭遇重大危机。

运用的技术、采取的策略以及沿袭的惯例与组织文化相互纠缠，更是未能赋予组织开拓和打破常规的勇气[84]。固守老旧的活动、价值观、目标和方法迭代需要相对包容的空间和时间，Senge 和 Sterman（1992）建议，组织构建信任开放的文化降低了常规活动变革，招致员工防御性应激反应[85]。微观层面通过组织惯性干预接受程度、个体伦理规范以及行为研究等视角展开了探索性的研究，通过企业文化建设加强组织惯性干预过程员工（弱势群体）行为预测，凭此窥探组织惯性干预过程响应机制全貌，是学术领域亟待研究的崭新议题。

2.3.5 制度环境

环境不仅包括技术和市场环境，同样包括制度环境。制度环境是组织所处的法律制度、文化观念以及社会规范等普遍性的社会事实[86]。社会化大生产下，市场不是唯一实现资源配置的有效手段，强制同构、模仿同构以及规范同构等适应性合法机制构是获取社会认同并营造良好声誉的关键路径，有助于组织获取心仪资源并通过资源配置实现成果转换。解学梅和朱琪玮（2021）发现，组织采取浅绿色创新策略和中绿色创新策略以满足适应合法性，对政府制度的伪装性遵从获取政府补贴[66]。

制度理论多未直接探讨组织惯性，而是聚焦制度通过强制同构引导行业内、产业内、地域或集群内参与者采取统一或类似的结构和活动[67]。制度条例的过分遵循，伴随资源匹配和生存周期的盲目崇拜，造成种群之间或者产业内部结构以及实践活动疯狂借鉴与复制。丰富的组织架构和问题突破方式，伴随着组织场域逐渐成熟和稳定衍生出强大的同质化牵引力，初期繁杂多样的高校教材逐步缩减为综合出版社和小型专业出版社两种出版模式，以及医院、高校、无线电广播以及文化教育等相互复刻和借鉴的发展过程[40,87]。

少数关注制度环境与组织惯性的研究，面对顶层制度发生变化的转型升级压力，组织仍旧重复或标榜传统经验和范式的价值，落入自我锁定的陷阱。组织转型升级研究发现企业家精神、宏观政策以及战略路径的偏好阻碍企业转型升级的意愿和实施。地方政府标榜业绩制定的硬性经济增长指标甚至禁止市场盈利能力匮乏的“僵尸企业”滥竽充数，规劝其继续经营被迫营业。

2.3.6 网络嵌入

网路嵌入是组织凭借合作经验或联结形成相对稳定的关系。科技的快速发展、产品和服务复杂性的提升，组织作为创新主体难以凭借自身资源应对创新驱动战略持续涌现的挑战，嵌入与外部企业、高校、科研机构甚至政府网络关系破解资源分配差序格局困境。董彩婷等（2020）发现组织通过创新生态嵌入和政治网路嵌入改善创新绩效[88]。彭新敏等（2016）发现嵌入全球制造网络的后发企业挖掘嵌入网络破解资源限制，甚至嵌入不同网络关系同时参与多职能领域破解双元悖论。

嵌入不足和嵌入过度皆存在不利影响。网络嵌入涉及单边、双边关系，传递的知识、沟通的力量、流通资本的可贸易程度以及交互和沟通机制、动机等带来发展机遇的同时也带来诸多限制[18]。首先，Hannan 和 Granovetter（1985）认为，组织结构和活动是社会关系制约的函数，嵌入社会体系、经济体系和政治体系中的组织即使琐碎的调整也需要合法性的检验，也为 Christensen 和 Bower（1996）研究发现提供理论支持，他们发现新技术或产品主要满足新兴市场，难以与作为收益主要来源的传统市场争夺资源，最后才考虑满足新技术的资源需求[89]。Collinson 和 Wilson（2006）则认为，知识惯例的嵌入程度、内外部知识网络决定企业的能力，社会网络和顾客忠诚度阻碍知识惯例转移以及再构建活动[44]。其次，外界获取非内生性突破导致组织逐渐滋生集成导向和网络嵌入惯性，如研发外包或采购专利或专利使用权，对自身创新能力的提升并未产生实质性影响；长期合作的供应商构建战略联盟控制和预防品质、交货期、价格与财务风险，却未能培养员工的风险偏好和冒险精神。特别需要引起重视的是，中国经济发展“新常态”和成为“世界科技创新强国”抱负彰显创新驱动网络化合作价值，制造企业努力突破外部创新藩篱、积极嵌入全球开放式创新网络，但是嵌入全球制造网络的组织专注优化经营效率，牵制其职能和跨链升级降低长期能力发展[49]。此外，有限的交易伙伴和网络同质性降低非冗余信息和接触新机会的机会，落入近似陷阱（propinquity trap）和熟悉陷阱（familiarity trap）。改革开放以来，我国大量企业采取为领先企业代工的形式嵌入全球制造网络尝试适应技术变革、市场需求与制度条件，但是领先企业建立排他性采购供应关系增加后发企业转向其他企业的难度，并且杜绝有价值资源溢出效应，人为设置制造网络跃迁障碍将后发企业锁定在微利的加工生产环节[49]。

除了组织外部企业的链接以及产品市场链条上的商业分工，组织内部各部门的功能衔接同样挑战组织创新和适应的能力，Collinson 和 Wilson（2006）发现内部网络连接、研发中心以及其他部门之间的知识分享惯例降低了组织柔性。具体地，员工的专业知识以及专业知识发展、整合以及利用的惯例随着时间不断演化，加强组织的效率和促进变革的同时，引起高强度路径依赖创新，即变革和韧性的基础恰恰是动态环境下组织变革创新和适应的障碍[44]。

2.3.7 变革成本

诺贝尔经济学奖得主诺斯基于经济学诠释经济生活情境报酬递增和自我强化机制。组织惯性基于传统问题和困境的突破逐渐衍生和塑造，凭借对环境特定信号自动协调反应发展与成熟，如经过特定市场较长时间的生存和竞争，人力系统、组织结构以及资源编排等活动都已深度迎合该市场的竞争逻辑，变革成本势必导致组织锁定效应。

资源依赖理论（Resource Dependency Theory）认为，资源依赖以及现有投资的增持特性约束企业的能力。经济利益驱使组织偏好能够创造价值或经济效益显著的资源编排方式，规模优势、产品种类、市场销售率和分销覆盖率等优势丧失的担忧设定了组织行为空间和信息范围。Hannan 和 Freeman（1984）、Colombo 和 Delmastro（2002）研究发现，厂房、设备和人员等资源沉没成本导致组织惯性[18,61]。Cyert 和 March（1963）则将组织惯性成因指向有限理性的经济主体在模糊决策环境中信息接收、存储、加工以及传输过程耗费的成本[90]，Teece（1997）将技术性资产、互补性资产、财务资产、名誉资产、结构性资产、制度性资产和市场资产称作“位势”，即导致组织成为模仿者或追随者而不是期望中的创新者或领导者的结构性惰性因素[91]。

技术范式是为设计师、工程师、企业家和管理者理解并恪守的应对问题的原理、规则、方法和标准[92]。一方面，变革成本将组织圈禁在风险较低的技术范式修正、精炼和改善活动，究其原因，涌现技术的资源和资产与传统技术物质基础差异巨大，新资源和技术资产利用效率往往暂时不佳[92]；另一方面，技术范式和惯例流程重复运用衍生规模报酬递增为内核的激励机制，该机制增加当前技术和惯例的价值。围绕成熟技术组织系统地构建了联合专用资产和价值网络，专用性投资是构建互惠基础和改善网络外部性的重要渠道[93]。Gilbert 和 Newberry（1982）发现新技术活动遇阻的组织更愿意加大传统市场资金和资源的投入，而不是新技术领域[94]。

合作经验和关系维持显著降低交易成本和适应性成本。Cohen（1991）发现新顾客关系的建立花费大量的时间和成本，并且新关系构建惯例的可用性也有待检验，战略定位多元化的企业深刻体会这一过程的艰辛[54]。胡爱军和王石磊

(2016) 发现囿于新生弱性，试图与商业巨擘或成熟企业构建战略合作关系的新创企业，需要耗费额外的精力培育信任并防范机会主义行为[95]。不仅如此，反复性联合行动促使彼此各参与主体对任务的诠释越发相似，准确地猜测彼此的意图和响应，甚至面对陌生的问题或情境。Dionysiou 和 Tsoukas (2013) 发现行动倾向导致活动主体凭借应激性的方式作出响应，节约各方的认知资源[96]。

2.4 组织惯性导致结果

组织惯性是连接战略意图和发展、整合以及利用各种知识活动两端的引导机制。动态环境下规则和流程需要实时更新以满足组织对卓越绩效的要求。失效的组织惯性是惰性和僵化的来源，引起知识退化、创新不足、结构僵化，影响组织变革、核心能力迭代以及市场优势，最终降低组织绩效。

2.4.1 组织变革

战略变革包含四个步骤：首先是当前战略框架的渐进性调整；其次则是战略关键变革内容的确定，而后罗列战略变革备选方案；最后是蜜月期与试错。持续地变革是企业在剧烈变化环境构建竞争优势的唯一途径。Greenwood 和 Hinings (1988) 通过对变革轨迹追踪原型识别过程中发现，惯性是影响组织变革的重要组成部分[8]。Dobrev 和 Kim 等 (2003) 运用内容和过程模型框架 (content - process modeling) 识别惯性与破环性过程之间的关系，发现核心结构变革与战略内容不相关，即惯性发生在变革活动整个过程中[40]。Van（1998）从组织生命周期理论入手，发现组织惯性是引起组织衰败最重要的原因，组织惯性与承诺升级、管理故障、结构惯性、威胁等息息相关[59]。

组织惯性视域组织变革研究主要聚焦管理者决策和战略实施黏性等细节。洞察力惯性是内外部环境变动迹象的观察和释义迟钝，满足环境、市场地位以及内部变革需求的步骤，如组织活动、调整和决策相对迟缓与脱节[30]。Cohendet和LIerena（2003）发现惯例与战略性撤退和竞争能力后退有关[97]。Shimizu 和 Hitt（2005）的研究辅佐了Cohendet和LIerena（2003）的研究结论，分析发现组织惯性导致兼并单元维系原有资金和资源承诺，沉重的惯性力量使得高层管理者拟订的决策偏离初始愿望最终被迫执行剥离策略[57]。于晓宇等（2019）尝试通过组织惯性视角识别国企子公司转型升级锁定效应的单案例研究发现，产权属性、子公司定位、政府牌照、政府订单制约其转型意愿以及转型资源整合和能力构建，拖缓子公司开拓高端芯片和新兴产业芯片“红海”和“蓝海”的步伐[98]。近些年伴随着移动互联网和智能硬件普及导致行业环境的复杂、动态与模糊化，组织惯性甚至牵制企业数字转型升级[68]。

2.4.2 能力陷阱

组织能力是以有利的方式配置资产的业务流程，强调战略管理在资产适应、整合以及重新配置以响应不断变化的外部环境。资源观强调高价值、稀缺、不可复制以及不可替代的VRIN类型资源的价值，能力学派强调资源优势需要资源构建能力、资源束集能力以及资源的杠杠化利用能力开发，弥补资源观静态研究视角的不足，但是能力学派理论同样呈现局限性。

组织能力建立在经验主义基础上，Zollo 和 Winter (2002) 强调“积累的经验”是组织能力起源[47]，Tripsas 和 Gavetti (2000) 认为“经验智慧”在认知构建活动中的重要作用[99]，Eisenhardt 和 Martin (2000) 发现各种“简单经验惯例”是动态能力的基础[100]，Levinthal 和 March (1993) 聚焦“历史经验教训”[37]，Nonaka (1994) 强调“亲身体验”[101]。Zllo 和 Winter (2002) 将组织能力概括为“后天习得且稳定的群体行动模式，凭此组织追求效果最优过程同时系统地孕育并且优化运营的惯性”[47]。

能力悖论警示我们组织惯性是既定范式获取竞争优势的源泉，却也是范式更迭阻碍组织发展的绊脚石。组织是能力组合载体，组织惯性是组织构建独特能力[102]、核心竞争力[103]、核心能力[34]、整合能力[104]以及构架式能力[105]的基本单位和模块。组织能力一旦生成就会进一步制度化 (institutionalization) 以及再生 (reproduction) 以提高各个环节效率。组织能力一旦趋向自身经济或自然极限，也就会逐步丧失提升的潜力和空间。Helfat 和 Peteraf (2003) 透过生命周期理论视角诠释核心能力研究发现，企业核心能力包含创建阶段、发展阶段和成熟阶段，一旦迈入成熟阶段能力继续攀升的趋势逐渐缓慢甚至停滞下来[11]。

组织和环境共演过程分析缺失，使得根深蒂固、起源于传统资源配置和能力发展的路径、流程和惯例招致刚性限制组织变革和调整[106,107]。邓新明等 (2020) 研究发现，引以为傲赋予组织优势的程序、结构和惯例经过时间和环境的冲刷难以满足当前环境[73]。组织能力构建是不断学习和更新换代的结果，但是“莽撞”的学习方式和机制常常起到南辕北辙的效果，如以竞争对手为参照体系的组织学习深化能力陷阱[73]。简泽等（2020）发现资源惯性、惯例惯性、风险规避、认知惯性和身份惯性共同导致组织沿用传统技术扩大市场，并且组织学习简化和专业化特征推动组织沿袭既定技术路径的改进和精炼，提高生产率的同时限制技术范式转换的路径，核心能力变成核心黏性导致生产率困境，为技术存在先天劣势的潜在颠覆者进入市场并抢占市场份额提供可能[29]。

2.4.3 创新窘境

创新可以是新产品和服务的产出、新生产技术的涌现、也可以是新操作流程以及管理战略的推广和实施等。组织希冀通过不断的调整战略、结构以匹配动态环境，但是根深蒂固思维和活动拖缓其创新能力跃迁的步伐，曾经的行业巨擘如安然、诺基亚、黑莓以及 PC 之王惠普等被更富创新精神的新兴企业击败，步履蹒跚地经历重组甚至濒临破产边缘，惨痛地演绎了“创新者窘境”（the innovator's dilemma）。

组织创新不仅涉及组织规章、制度以及操作流程等外显内容，还包括组织属性和组织认知载体组织惯性的彻底颠覆。组织创新低效的肇因在于未能基于创新实践窥视创新的内涵，深层次把握隐性、不易观察或识别的微观因素。Huang 和 Lai（2013）针对我国台湾中小型企业的实证研究发现，组织惯性消极地影响商业模式创新以及参与开放式创新[108]。March 和 Shapira（1992）发现，短期绩效和生存发展的压力，造成决策者偏好拟定当前战略导向和技术轨道的决策，并非致力于战略变革或革命性技术轨道[109]。Christensen（2013）观察到在位企业面临颠覆式创新无能为力的现象，越是善于渐进式创新的主体越难以抵御颠覆式创新的冲击[110]。

经历并超越过度推崇组织惯性积极的一面，以及后续对其潜在阴暗面深度挖掘，研究者与管理实践者逐渐开发出组织惯性自我变革特征，案例追踪研究甚至挖掘出惯性的演化潜力是促进组织内生革新的引擎[111]。组织惯性研究摒弃传统静态视角转而刻画其适应性特征，组织惯性对创新的影响超越“障碍”或“推动”，而是即“阻碍”又“推动”的影响关系（见表2－4）。

表2－4　组织惯性研究思维范式变迁

<table>
<tr><th>代表性研究</th><th>典型阐述</th><th>关键术语</th><th>创新张力</th><th>秉持逻辑</th></tr>
<tr><td>Warner J. B. 等（1988）；Bicheno J.（1997）</td><td>制度化、标准化和惯例的基础上实现稳定性和可靠性</td><td>典范模型
关系资本
认知框架</td><td rowspan="3">小
↓
大</td><td rowspan="3">优势观
↓
劣势观
↓
辩证观</td></tr>
<tr><td>Cohen（1991）；Leonard（1992）；Hannan & Freema（1984）；Dobrev（2003）；Feldman（2000）；Wu，等（2013）；Shalikar & Lahoutpour（2011）</td><td>组织惯性是阻碍组织变革和发展的重要原因</td><td>组织僵化
组织刚性
能力陷阱</td></tr>
<tr><td>Dobrev（2003）；Winter（2003）；Mckinley，等（2014）；Collinson & Wilson（2010）；Godkin & Allcorn（2008）；Girod & Whittington,（2015）；张薇（2009）；李彬等（2013）；林海芬等（2020）</td><td>惯性一方面呈现出对创新和变革的抑制作用，另一方面又是稳定性、变革和创新的驱动力；
组织惯例可能因为其稳定属性阻碍组织创新，其变革属性促进组织创新</td><td>适应型VS黏滞型惯性；
核心VS边缘惯性；
高阶VS低阶常规；
消极型VS积极型惰性；
明示面VS执行面</td></tr>
</table>

资料来源：笔者根据相关文献整理。

2.5 组织惯性干预研究

关于组织能否被消减甚至弥散，初期研究基于种群生态学、新制度主义以及社会网络等视角聚焦制度导向以及形塑的过程和机制，诠释组织间产品类似、流程相互模仿、组织活动趋同的现象。初期研究认为组织资源、方法、能力和生态位等因素是外部环境长期适配，优胜劣汰之后呈现的结果，惯性组织难以逃脱被新环境适应性更佳组织代替的悲惨宿命，且任何努力和尝试无异于“螳臂挡车”。

但是，经济发展日新月异、技术革新突飞猛进、市场环境波云诡谲情境下，组织要么沿袭传统或习惯走向死亡，要么破釜沉舟，凭借壮士断腕的决心突破惯性创造未来。力场分析理论认为，两类对抗的力量将组织维系在惯性的准平衡状态，组织状态变化源自组织所处力场中力量的变化，经验、惯性和组织能力不足和低下的内在起源是刺激的贫乏[72]。后续跟进研究基于理性适应理论和权变理论，从组织资源、组织能力以及组织学习等视角切入，致力于确定组织惯性深层肇因和有效干预的元素和路径。

2.5.1 组织惯性演变

（1）惯性演变维度研究

组织变革学派基于演化视角将组织划分四个层次，表层是参与者的行动，浅显层是决策制定规则，深层是制定决策应用的制度结构，内核层则是企业的目的和使命。技术、制度化以及竞争性环境冲击导致组织外层结构先于深层结构感知和体验变化，外层缓冲和试错使得核心结构暂时稳定。秉承这种思路，学术界尝试对组织惯例、习惯做法等组织惯性元素修正、扬弃和适应做出思辨性的探讨，并与组织变革逻辑融合探索演变规律。

Nelson（1985）创造性地融合动态理论、资源基础理论和企业行为理论，凝炼出演化经济学理论框架诠释企业内生成长和变革。他们认为，组织惯性包括外显和内隐两部分，并且可以拆分为静态惯性和动态惯性：其中静态惯性是企业重复调用和借鉴的经验和认知，而动态惯性涉及新产品、新工艺和商业模式等创新实践。他们强调静态和动态惯性组合兼顾既定范式以及新晋范式的优势[112]。Hannan 和 Freeman（1984）使用组织核心和外围二分法将惯性来源分为管理层和技术层，认为组织管理层的变动是间断性的，而技术、管理以及制度层面的变动是持续性的。技术系统直接作用于原料，而技术系统又是有广义的组织设备——管理系统决定的。组织管理是相对较高级的系统，管理和控制技术系统的运营[18]。Cohen（1991）在个体学习与组织惯例角度分析得出，组织惯例包含程序（procedural）和声明（declarative）两维组成部分。程序部分具有较强操作性却难以修复和兼容特定硬件环境，声明部分可以调整和概括以适应新环境，在特定情况下解释比较困难[54]。Leonard（1992）基于有形、可视化程度以及明细化编码等准则将惯性分为技术系统、管理系统和价值观三种类型：首先是技术维度源于组织内部且相对容易改变；其次是涉及整个组织层面管理维度；最后是难以在短时间改变的价值观和文化。日积月累的技能和知识以及难以编码化的特质引起默会性和静态性[34]。白景坤和王健（2016）在中兴通讯的案例研究中发现组织惯性分为两个层次：第一层次包括安于现状、不变以及反应迟钝等；第二层次惯性包含模式固化、认知固化、行为固化和路径依赖等[113]。魏龙等（2021）基于属性以及惯例模板知识解构、组合还原和付诸应用等动态过程将组织惯性划分为常规惯性和柔性惯性两类，他们认为常规惯性知识模板彰显单元清晰、结构稳固特征，柔性惯性呈现知识模板多样，结构多变特点[53]。

组织惯性是高阶构念[7]，构成不同维度之间的互动关系，以及互动关系对组织稳定、变革和创新的影响逐渐吸引学者注意力，Feldman（2003）创造性地将组织惯性分为明示面（orstensive aspect）和执行面（performative aspect）两个维度：二维观打破传统将组织惯性视为单一维度概念的认知，改变了将组织惯例等同于标准化运作程序、规则或制度等状况，开创了从代表相对稳定的明示面和相对变化的执行面两者互动视角重新审视组织惯例特性的新纪元[25]。国内学者林海芬和尚任（2020）继承并扩展了Feldman的研究成果，并在组织惯性二维构成观融合了五维结构模型，具体地包含执行异动、显性规范、共享基模、共倾行动和专业能力五个维度；他们将执行异动对应二维观中的执行面，将剩余四维归属到明示面，启示面强调稳定性，执行面强调变革性，明示面和执行面的内在互动关系推动组织创新[114]。虽未能明确表明，张璐等（2020）提出资源能力进阶的内在路径“情境—注意力配置—管理者认知—意义构建—组织逻辑—组织资源行动—资源能力”。不同环境和发展阶段管理者对环境、市场和发展方向的判断和诠释形成个体认知，通过结构调整和运用流程优化等现实意义构建灌输并形塑群体认知，进而影响和塑造组织资源行动并实现跃迁[75]，无论在个体微观层面或群体层面，认知惯性突破皆是行为和能力进阶的前提条件。

（2）组织惯性干预过程研究

演化升级理论研究认为，三种因素左右组织惯性干预策略选择。第一是当前环境组织惯性干预的模式，涉及规模的大小、类型以及速度呈现何种状态；第二是组织学习机制的反应速度，关键信息的获取、处理以及评估的响应；第三是组织针对外部环境变化作出的调整[68]，为干预组织惯性提供理论启示。渐进性组织惯性干预情境下组织结构和组织惯例的调整相对平缓，结构、流程、员工进而最终文化进行渐变或次序性的调整；变革式组织惯性干预，特别是基于科学技术驱动和政策驱动，需要进行彻底的组织调整并构造全新组织结构，调整过程大多处于并行的状态。Dobrev（2003）认为，时间耗费与变革部分中心度以及链接度相关，组织变革发生过程中内部和外部的失调主要原因在于变革发生的位置，中心度越强烈的变革阻力越大，与中心度变革内容相铰接的外围部分同样需要作出调整，无形中延长了响应时间[40]。孟韬等（2020）基于数字经济时代组织惯性重构路径的研究发现，组织外围机构先于核心结构演化，外围构成不断试错逐渐影响并塑造核心结构的结构和重组动态过程[68]。

组织惯性突破过程不因行动归过于缓慢造成落伍，又不因推进过于快速招致混乱使实践领域需要突破的困境，也是学术领域亟待研究的崭新议题。行业发展持续加速、资源流通日渐频繁以及市场竞争白热化颠覆传统组织运营逻辑和模式，传统企业突破组织惯性寻求新的机会并且培育新的能力，但核心能力维系以及全新场景的探索两难困境加剧组织创业的挑战。鉴于目标导向和手段导向创业逻辑难以整合到环境快速变化的创业研究情境中，周翔、罗顺均和吴全能等（2018）提出，创业目标导向和手段创业导向相机平衡调和创业过程市场机会探索以及核心能力维系的张力[115]。

Collinson和Wilson（2006）的研究为根源性地平衡组织惯性动态和稳定张力提供了启示，蛰伏的惯例、能力、知识和代理不同的组合决定企业面对外生、内生变动来源的调整能力[44]。蛰伏惯例是组织可利用、激活以改变组织战略导向的活动和机理；蛰伏能力是蛰伏的惯例和知识的集合，凭此构建以及执行新的战略集合；蛰伏知识是关于经验、教育、技能、专业以及培训在内，组成总体知识池的零碎知识；蛰伏代理为经激活的管理者、政府部门以及股东在内的动机和期望。凭借蛰伏资源的构建使组织更具备调整性、柔韧性以及反应性，活跃惯例、能力、知识和代理与蛰伏惯例、能力、知识和代理的比重低下使得组织调整能力孱弱，以增加惯性的风险为代价保障特定环境下具备稳定性和高速性，蛰伏与活跃惯例、能力、知识和代理配比与组织惯性关系见图2－2。其实实践中组织精妙地维系“选择”与“适应”共生长期备战的状态，华为的“备胎计划”，海尔小微内创业计划，阿里巴巴的大中台小前台模式[68]。

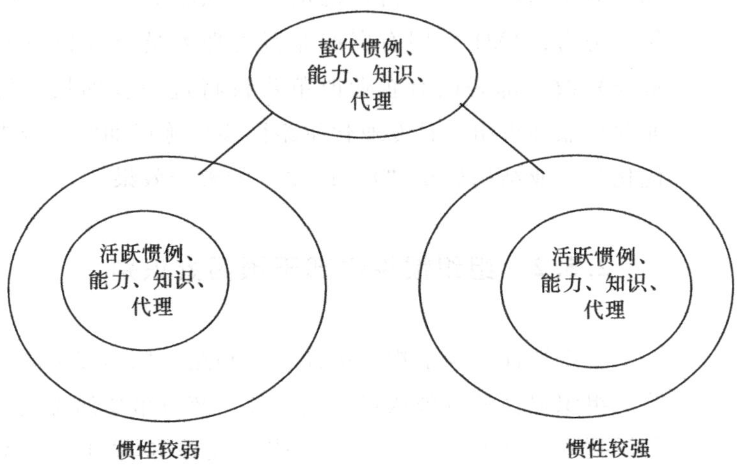

图2－2 蛰伏/活跃惯例、能力、知识和代理占比与组织惯性示意图

惯性的干预和重构是在与环境互动趋向匹配缓慢长期的过程，国家创新战略转型或重大政策出台使组织背负快速干预组织惯性的压力和动力。30 多年经济高速发展逼近环境承载力临界值，“十一五”时期将节能减排考核经济发展的约束性指标，伴随我国环境治理的决心和行动越发果敢和大胆，环境规制倒逼组织采用绿色技术、环境技术和清洁技术。2021 年碳排放和碳交易相关政策相继出台更是迫使其快速突破传统技术、肮脏技术或环境污染技术惯性，倒逼组织采用和生产环境友好型技术、工艺和产品。此外，党的十八届三中全会以来党中央高度重视国有企业改革，作出了总体部署，提出了改革要求。苏联国有企业改革采取休克疗法，开放物价与大规模私有化一步到位未能创造经济转轨的奇迹。钱勇等（2011）认为，社会中政治、文化和经济因素未能充分互动加剧组织惯性干预过程和组织状态极度不稳定[116]。我国国有企业改革采取逐步推进、分步到位的形式突破计划经济体制运营惯性兼顾改革、发展和稳定多重目标。双轨制过渡保障相对稳定的组织状态[117]，经过 40 余年的努力，2021 年国有资产监督管理委员会（以下简称国资委）改革部署国有企业改革步伐将进一步加快，集团企业深化兼并重组并且专业化重组同步实施以期实现资本布局优化和产业结构调整“1 + 1 > 2”的整合效果。

2.5.2 组织惯性内部干预因素识别

组织惯性干预承担合法性丧失和路径依赖突破的双重风险。组织惯性的打破依赖干预事件，蓝海市场涌现或颠覆性科学技术突破的外部事件，抑或大规模 R & D 新技术范式引进等自我扰动。具体地，惯性的打破与遭遇冲击、经历失败、达成里程碑式目标、接受干预、调整结构以及重构团

队、再造团队任务以及更换负责人等刺激因素息息相关。

(1) 组织学习

组织学习是获取、分享以及整合新知识的过程[118]。早在1990年Bruderer和Singh (1996) 通过遗传算法模拟组织进化论，结果发现尽管组织形式和外部环境达成最佳适配的可能微乎其微，但学习在组织选择进化的过程中扮演了重要角色，引导并加速了组织进化的过程[24]。经济全球化、互联网技术普及、信息更新换代，知识在工作坊、混合团队、网络平台和web 2.0繁荣的传播和交易，组织学习不再局限于时间、地点、管辖领域 (jurisdiction boundarie) 和物理实体 (physical presence) 的禁锢，有效地矫正组织惯性。

双环学习批判性地观察组织战略底层逻辑，挑战传统知识模式和行为逻辑，对障碍因素识别以及对策的内在思考。单循环学习重视组织流程过程中提升组织运转能力实现既定任务，不具有质疑和挑战任务本身的合理性。Argyris和Schön (1978) 认为，双环学习 (Double - loop) 对行为和实践理论以及由此延伸的认知和假设提出质疑，包含对外部事物静态、理所应当的认知提出疑问，进而改正组织活动相关扭曲、错误的理解[119]。

双元学习也为克服组织惯性提供可能[113]。蒋春燕 (2006) 发现利用式学习相对强调现有成功经验的价值，降低组织响应和适应新状况，从而与机会窗口擦肩而过，使得引以为傲的核心能力逐渐演变成约束自身创新升级的刚性力量[120]。Shimizu和Hittt (2005) 强调利用式学习在集体认知中形成思维定势，管理者盲目自信并且忽视外部环境的变化，深陷能力陷阱不能自拔[57]。林海芬和苏敬勤 (2012) 发现动态环境下利用式学习是导致路径依赖和组织僵化的元凶[121]。白景坤和王健 (2016) 细致地廓清不同维度的双元学习对不同面向组织惯性影响效果和机制，研究发现利用式学习能够有效地攻克第一层次组织惯性，却会强化第二层次；探索式学习打破传统路径和惯例迎接环境和市场的挑战，质疑并颠覆组织既定理论假设并基于此构建崭新的心智模式以及知识结构，彻底改进绩效和效率，即探索式学习有利于攻克全部的组织惯性，而双元学习更为有效地降低组织惯性[113]。

他山之石可以攻玉。代理学习（vicarious learning）视角关注惯例典范的移植以及如何最大化匹配接受者的土壤。Bresman（2013）基于药物研发团队的代理学习研究发现，惯例的变更包含识别（identification）、编译（translation）、调整（adoption）和维系（continuation）四个过程，刻画协作团队相互调整和动态环境适应过程和效果，有效地度量协作有机和协调效果[51]。

组织遗忘是组织学习另一种适应方式，也是提升组织适应能力和竞争能力的关键路径。绩优组织偶发性地遗忘对成功或成长效用低下的惯例、人员和结构，凭此超越对手。潘安成等（2010）提出组织遗忘支撑组织学习，取其精华，去其糟粕，避免组织自学习造成的组织惯性造成适应性学习效率低下[122]。无独有偶，Milller 等（2012）同样强调组织有意识遗忘过程，通过学习和遗忘周期相互配合更好地实现组织学习、知识整合以及能力构建。

（2）自省活动

自省是对自身、他人经验学习和分析的过程，对经验进行分析而不是想当然地接受。自省活动有助于深入理解组织运作流程和机会。复杂、特殊以及不确定环境下，自省活动是更积极的自觉行为，通过集体学习刺激各种视角和思维的碰撞和荡涤，衍生克服障碍和寻找解决办法。

Godkin 和 Allcorn（2008）认为，自身经验和行动的好奇和探索开拓崭新的可能，如通过困境分析获取新的突破视角[30]。自省活动同样适用于团队。自省的团队关注个体的活动，组织学习过程中，每个员工各体对重要事件有不同的理解和视角。Argyris 和 Schön（1978）认为，克服洞察力惯性的有效手段是双环学习和反思性活动。反思行为和实践理论以及由此延伸的认知和假设提出质疑，包含对外部事物静态、理所应当的认知提出疑问，进而改正组织活动相关扭曲、错误的理解[119]。Hodgkinson 和 Wright（2002）研究发现，首席执行官采用防御性逃避策略（defensive avoidance strategies），并建议通过周期性的对话和反省，弱化想当然心理和假设对程序化作业、组织架构、人员和资源配置、沟通方式和战略决策的潜在毒害[31]。

（3）危机事件

危机感是对自身脆弱的强烈感知。它通常导致消极的体验，如行业大变革，新公司上位，格局改变剥夺企业的控制感[14]。外部刺激不足以冲破传统知识体系，则组织知识和认知结构仍旧保持原有状态，为教条主义和经验主义的滋生提供土壤。危险感知迫使组织重新审视技术、市场和组织结构，同时强化紧迫感和向心力有利于消除惯性，典型反应链条如绩效下降的组织主动或被动地促进和刺激战略调整以期逆转。IBM 和 Intel 等具有浓厚创新意识的商业巨头为了逃离成功经验的自满情绪，精于营造危机感推动组织和技术革新。

危机感知是组织反应的催化剂，但是研究同样发现危机感知下的活动主体呈现截然不同的危机反应加剧组织惯性。Staw（1981）等发现危机下组织会集权、采用正规、标准化的过程。承压下的领导者，较少考虑其他备选方案并且降低实验和试错意愿，以避免额外的负担和风险[123]。危机感触发的活动关注颓势的逆转，导致现存资源的依赖而不是新机会的开发。面临数字出版技术的挑战，Gilbert（2005）对 8

家报纸跟踪研究发现，危险感知对资源式僵化和惯例式僵化呈现差异化的反应。危机感知下活动主体增加了资源量和种类，却依然遵守着以往资源运用的组织流程[7]。周翔等（2018）一项聚焦互联网经济冲击下核心能力快速丧失的海印商业运营公司创业纵向案例研究发现，品牌和客户忠诚度急速下降的压力，迫使海印开始组织内部创新探索新的发展机会，识别出线上线上融合O2O发展模式，陆续推出自主电商平台"海印优选"和"海印生活圈"[115]。

（4）智力流动

管理者流动为决策库提供了新的血液，消除认知惯性并且挑战盛行的主流逻辑，高效地引入并推广囿于组织惯性排斥在主流视野之外的实践[75]。Tyre和Orlikowski（1994）研究发现惯性影响组织对新技术检验和改进，而新管理者的到来显著影响组织战略定位[124]，Wiersema（1992）研究发现外部高层管理者的继任增加战略变革的可能性[125]。国内研究案例有力支撑上述发现：一汽集团第二代领导人凭借工科知识储备以及海外留学经历，携带大量异质性知识、观点和技能带领一汽迈上国际创业道路[126]。

此外，新管理者惯性动量较小，原有决策、程序、流程等制度性过程过分遵守和标榜程度低下从而快速诊断问题症结，即所谓"外来和尚会念经"。张璐等（2020）以基础资源禀赋为原点、管理者认知为微观基础、与认知有机耦合的资源活动为核心路径，孕育出与动态环境协奏的资源能力演化路径，突破核心能力刚性枷锁从而构建核心竞争力实现预期目标[75]。

为应对专业人才的稀缺、任职培训效果和文化程度参差不齐以及专业人才流通率现状较低的现状，Liao和Kickul等（2009）提出将核心研发部门员工派遣到生产和产品部门，尝试通过职位转换提升人力知识流通（Know - who）。

研究发现员工层面的知识网络支撑跨学科学习并且加快组织层面知识的扩散和整合，知识上行优化企业招聘和培训活动、职业激励模式以及高层管理者控制惯例并最终改善组织整合能力[106]。无独有偶，Collinson 和 Wilson（2006）认为，内部研发专业人员的稀缺是导致惯性三个诱发因素重要的一个[44]。专业人才具有较强的个性难以担任管理者的角色，为缓和增加迈向高层梯队、享受高薪难度，其提倡将核心研发部门员工派遣到生产和产品部门，通过职位转换提升人力知识（know－who）的流通，通过员工层面的知识网络对跨学科学习的支撑，优化组织层面知识的扩散和整合。Kane 和 Argote 等（2005）则是通过实验识别影响新惯例传播以及应用的因素。实验招募 144 位学生组成 3 人小组从事生产活动，并且实验过程中每个小组选取一个组员进行轮岗，查看每个小组是否接受并执行新成员推荐的生产惯例。研究发现高级的社会认同有助于小组采用新的惯例，如果新转入员工得不到充分的认可，即便推荐的惯例优于本组的惯例，被采用的可能性也微乎其微[127]。因此，通过人员轮岗进行知识传递的过程，也是协作学习和知识分型的过程，员工认同和知识质量的双重保障才是获取最优效果的途径。

（5）动态能力

资源基础观由于其静态特质以及期望持久的竞争优势，受到动态学派的挑战，企业长久性的占有异质性资源以及获取租金只存在非竞争性环境变量下，而现实复杂多变背景获取或开发互补性资源都不满足这一前提。而基于环境变化适应性的动态能力能够保障企业渴望的竞争优势。为打破能力锁定的枷锁，Teece（1997）基于资源基础提出动态能力的概念，认为动态能力是整合、构建以及重构企业内外能力的高阶能力[33]。基于动态能力过程和行为逻辑，近些年学者尝试通过组织惯性视角诠释动态能力，Zollo 和 Winter（2002）认为，动态能力通过全体活动系统地创造与改进运营惯例以期营造稳定的模式，实现效能最大化[47]。Eisenhardt 和 Martin (2000) 基于过程视角强调动态能力是产品创新、战略决策以及联盟构建的惯例，获取、重构、整合以及释放资源[128]。罗仲伟等 (2014) 强调动态能力作为一种资源组织过程和战略惯例适应或创造市场变化[92]。Masini 等 (2004) 甚至将动态能力诠释为与环境相适应的自组织系统[129]。

动态能力作为组织过程或战略惯例，持续获取、释放和整合资源迎合或引起行业技术和政策持续更迭，或通过战略惯例设计和再造实现持续成长和成熟[91]。King 和 Tucci (2002) 将经验一分为二，探索动态经验和静态经验对动态能力的影响机理，研究证实动态能力惯例显著影响企业结合、重组和发展推出新产品[130]。罗仲伟等 (2014) 认为，动态能力是技术范式转换时期应对混沌、复杂环境的整合与重构能力。动态能力与技术范式相互嵌套有效地帮助企业逃离路径依赖和结构惯性的藩篱，颠覆传统技术范式下的领先者[92]。

动态能力通过获取、释放资源突破资源能力以及常规配置能力，匹配行业技术、政策调整、迎合甚至创造市场[39,131]。苏敬勤等 (2017) 识别组织资源活动随着成长呈现“资源拼凑—资源编排—资源协奏”等演进规律，牵引组织核心能力实现低阶向高阶的跨越[56]。Ellonen 等 (2009) 基于多案例研究发现，芬兰和瑞士国家出版行业充分调用机会感知、机会捕捉以及资源重构，开辟了新的利基市场并且优化了传统客户竞争方式[132]。无独有偶，张璐等 (2020) 构建“认知—行动—结果”逻辑链条分析组织有机协同资源和能力的构建、优化或颠覆突破能力刚性的藩篱，在“红海”中厮杀或开辟新“蓝海”[75]。简泽等 (2020) 强调组织通过提升捕捉潜在威胁的能力、识别机会的能力以及延伸联合专用资产边界的能力克服惯性和路径依赖，摆脱

生产率困境[29]。

(6) 综合观

组织惯性的成因呈现多面，单一策略难以绞杀多个因素共同导致组织惯性。Senge 和 Sterman (1992) 关于战略的调整以及和核心运作政策研究发现，组织变革对现有常规性活动打破，应在组织内部构建信任、开放的文化，降低员工自卫应激反应[85]。王生辉和张京红 (2007) 提倡通过结构、文化和学习创新，伴随着柔性构造对组织再造[133]。焦豪 (2011) 基于动态能力和组织双元双重视角建议组织持续通过变革手段改善传统能力在“红海”中厮杀，并通过创造性破坏实现能力再造开辟“蓝海”，不断重构与再造组织技能和资源与外部环境动态匹配[134]。Heine 和 Rindfleisch (2013) 融合组织生态理论、路径依赖理论和资源基础观，建立了活动主体、执行机制以及资源特引起组织颓败的分析框架，从组织结构、路径依赖以及资源禀赋视角构建了综合性的组织惯性生成模型[135]。

邓新明 (2020) 认为，面对竞争力的短板，企业应不断地积累市场地位、社会声望、政治力量和社会网络等优势以突破竞争经验的束缚[73]。张璐等 (2020) 强调能力刚性枷锁彻底地突破需要认知和行为协奏，统筹资源禀赋、高层管理者认知以及迎合认知的资源活动，打破能力刚性限制并衍生出稳定且与波诡云谲内外环境适配的核心竞争力[75]。也有学者通过经济角度切入，如 Kaplan 和 Henderson (2005) 尝试以物质刺激打破能力陷阱和认知局限，他们强调认知框架不单单是捕捉和分享知识的工具，同样影响员工个体利益并决定企业刺激方式的效果。研究最终发现认知和物质刺激是共同演化的，静态知识、编码化以及以组织流程同样是与刺激相关的过程 (incentive - related process)[14]。

2.5.3 组织惯性外部干预因素识别

组织惯性是环境和路径“双重锁定”共同塑造的结果。外部环境驱使组织惯性搜索、变异和选择[136]，如法律或制度、政治、技术等环境元素剧烈震荡迫使组织了解和学习新的知识、构建新的诠释逻辑和范式创新、变化和适应，故组织惯性的讨论也应基于动态环境情境[40,81]。外部环境、组织特征以及经验的交互作用，影响组织理解外部环境并作出调整示意（见图2-3）。

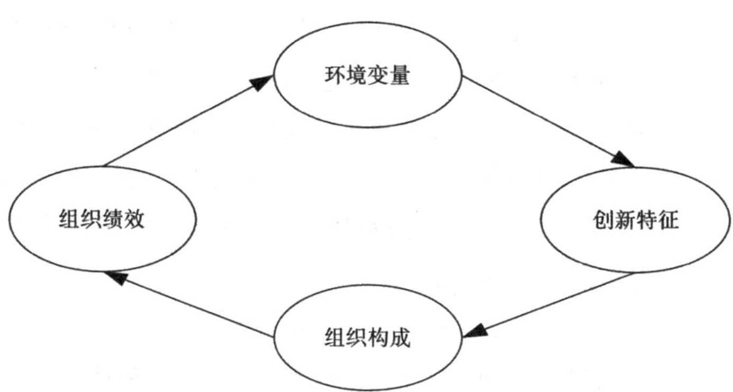

图2-3 外部环境对组织惯性影响示意图

侯杰和陆强等（2011）基于低速电动车和消费电子企业生态系统中典型中小企业成长的案例研究发现，市场生存空间、资源禀赋优势的扩展以及商业模式创新诱发变异，组织通过生态位跃迁和移动实现合法化和内部资源禀赋积累，提高组织惯性实现生存[137]。

制度学派强调管辖机构或制度诱发组织架构性的调整，政府和母公司、法律、行业协会以及社会公众都有强大的力量迫使组织打破组织惯性。政策法规迫使或相关组织说服，社会预期和通行体制规范驱使，或主动迎合或复制管理者认为适当且高效的范式迫使组织主动或被动地打破组织惯性[116]。

技术范式转变作为外部环境波动的代理变量，从地域和时间维度影响组织技术创新的调整和策略的择取[92]。简泽等（2020）认为，新市场和科学技术突破蕴含技术范式和技术能力成长的轨迹的机会窗口，识别外部干预事件带来新机会的组织突破标准化惯例封锁、成熟能力以及互补性资产联合构建的限制，并且通过不懈的努力将机会变现为新产品、新工艺或新商业模式[58]。

经济转型期中国组织转型常常以产权制度改革或股份改造为起点或关键环节，以企业制度与文化转变、组织结构与企业战略转变、管理模式与竞争力转变为特征。张璐等（2020）认为，市场需求、商业模式、国家政策和技术特征等情境因素引起管理者注意力配置，并进一步将管理者注意力配置过程解构为"感知—质疑—选择—判断"四个环节，提出"情境—注意力配置—管理者认知—意义构建—组织逻辑—组织资源行动—资源能力"资源能力构建与跃迁路径[75]。

但是近些年聚焦环境变化与组织惯性关系研究并未支持传统研究关于环境威胁或机会感知有效降低组织惯性的主张，甚至呈现相悖的研究结论，Kelly 和 Amburgey（1991）并未发现环境变化与战略变革之间的因果关系[55]，Staw 等（1981）更是发现组织基于环境威胁体验反而会加强信息限制和控制收缩[138]。更让人困惑的是 Soltwisch（2015）的研究发现，环境威胁感知加强组织惯性，但有利的环境同样麻木组织窥探环境风险的神经[139]。行业发展持续提速、资源流通日趋频繁、市场竞争与日俱增的当前环境下组织如何自我寻求突破非常具有显著意义，面对冲突性的研究结论学术界将研究重心逐渐导向更深层次自我挖掘，寻找有效干预组织惯性的要素和路径。

2.6 既有文献评述

组织惯性在任务达成、组织变革以及组织创新根本性作用得到广泛的认同感。国内外学者对组织惯性内涵界定、产生机理、结果变量以及如何冲击消减等问题进行初步梳理呈现繁荣景象（研究整合框架见图2－4）。由于研究视角和问题取向使得现阶段组织惯性研究成果相对孤立和松散，彼此之间缺乏支撑和关联，造成组织惯性研究领域根基不稳的现状。在既有研究进行综述的基础上，本部分把既有文献已取得的研究进展和尚需进一步解决的问题进行评述总结，旨在为后续研究提供便利。

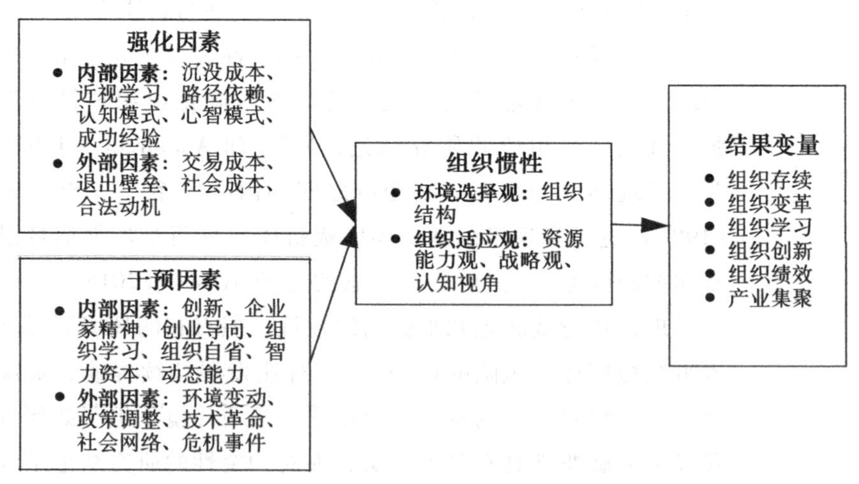

图2－4　外组织惯性研究内容的整合框架

2.6.1　既有文献取得的进展

（1）既有文献从不同的视角对组织惯性的内涵进行了界定

现有研究成果采取不同的视角廓清组织惯性内涵和维度，挖掘内容的学者通常基于思维和行为角度对组织惯性归类。思维惯性[81]、洞察力惯性[30]、思维定势[140]、认知图式[141]是对内外部环境变动察觉和释义迟钝，导致组织活动调整和决策与环境、市场地位和内部变革需求的步骤相对脱节。活动惯性下，战略惯性[142]、学习惯性[40]、惯例惯性[143,144]则是对外部观察和情报搜集之后，对外部环境变化有了清醒的认知，却在执行实施阶段存在反应迟缓、片面化等低效现象。动态演化视角关注组织惯性变异、适应和变化属性，尝试识别组织学习、组织自省、危机事件和智力流动等因素对组织惯性影响路径和影响机理，以及组织惯性不同子维度持续互动推动组织革命和创新。

（2）既有文献对导致组织惯性的因素进行了初步剖析

组织惯性的肇因研究聚焦利益、认知与价值观、制度等几方面导致的状态依存和行为依存。其中制度、技术的应用会逐步将环境塑造成适合组织自身生存，并且排他的生态系统，呈现自我增持良性循环特征。而市场合理性的追求会通过正向、负向激励强化主体的行为，如正向激励的主体会通过率先垂范，构建自增持、报酬递增的环境与机制强化自身惯性动量，负向激励则会边缘甚至淘汰无效机制。

（3）既有文献就组织惯性导致的消极影响进行了分析

创新、变革和韧性的基础恰恰也是动荡环境下的变革创新和适应的障碍。一方面囿于组织惯性既有技术和路径自增持特性，组织基因和组织记忆导致组织难以平衡利用和开发的相互关系，如渐进式或模仿创新等组织惯性行为扼杀组织对新能力开发和培养，只专注于既有能力的利用，忙于“修补、粉饰”当前技术和产品，忽视在既有能力上的开发、升级和创造的能力。另一方面，排斥破坏型技术，忽视突破式技术的识别和开发，未能通过系统创新与演进增强组织对外部环境变化的耐受性，影响组织资源整合和推动创新的表现。

2.6.2 既有文献的不足

(1) 既有文献对组织惯性维度缺乏系统的识别

组织惯性研究兴起于20世纪70年代后期，对组织惯性内涵的界定、形成机理以及干预措施等内容的研究积累了一定的成果。但组织惯性强权变特质使得现有研究采取特定和孤立的视角局限于认知、行动和资源等面向：如Teece (1986)[145]、Leonard (1992)[34]、Wu (2013)[87]针对组织技术，Hannan (1984)[18]、Meyer (1993)[81]、Dobrev (2003)[40]、Huang (2013)[146]关注组织结构，Shimizu (2005)[57]、Huff (1995)[142]、Zott (2003)[144]聚焦组织资源，Shalikar (2011)[38]、Tripsas (2000)[99]、Becker (2004)[35]、Kaplan (2005)[14]侧重知识与认知、Huff (1992)[19]、Meyer (1993)[81]、Huang (2013)[146]等则针对战略制度等。近些年，国际顶级期刊陆续刊发了从不同视角窥视组织惯性内涵的前沿性文章，国内研究同样紧跟这一热点，作出了有益的揭示和论述。但是总体上组织惯性的篇章还未充分发展，组织惯性构成维度以及内在关联和测量系统性研究和应用还很稀缺。

(2) 既有文献对组织惯性干预途径以及有效性验证的缺失

组织惯性干预倾向“实践性”特征导致一个窘境：组织惯性的消极影响、干预措施、路径和机制研究者大多做了思辨式和一般性的探讨，造成研究结论难以真正指引实践中的组织惯性干预，实践领域惯性困境未能被学术人员透彻地了解并成为焦点研究议题。聚焦组织学习、自省活动、危机感知等转移组织注意力使组织更具备调整性、柔韧性以及反应性，但深刻剖析哪种活动显著影响组织惯性不同子维度以及整体构念的研究相对寥寥，作用机理以及影响效果检验更是未曾触及的研究黑箱，远未形成逻辑一贯的理论体系，许多问题亟待厘清。

(3) 组织惯性与组织创新关系和影响机制模糊不清

技术革命、新旧动能转换需要组织跨越组织边界并通过剧烈的变革保障生存，变革不仅仅局限于战略和业务，通过包含底层逻辑的蜕变和升级。组织惯性是组织演化基因，组织创新是涉及对组织基因或惯性进行彻底颠覆的复杂系统工程。当前研究强调资源禀赋、领导范式和组织学习等外生要素对创新的影响，拘泥于梳理和总结创新浅显层面的规律，组织惯性视域系统诠释组织创新专题实证性检验和分析的学术文献仍属空白，仅有的逻辑演绎研究结论也存在促进与抑制冲突效果的分歧。未来研究仍需在前期研究基础上深入剖析组织惯性影响组织创新的过程机理，廓清影响的中介和调节变量，同时探索相宜性组织惯性干预的措施和路径等。

(4) 中国情境下的组织惯性研究方兴未艾

追踪中国企业管理创新实践并使其理论化是学术研究的基本使命。组织惯性研究源于西方社会，近些年国内学者对组织惯性的研究处于模仿和借鉴阶段，创新性研究和理论贡献相对单薄，未能讲述中国情境下的独有特征。技术革命、新旧动能转换情境中国本土企业创新、变革或转型不仅仅局限于战略和业务，更应包含底层逻辑的蜕变和升级，所以组织惯性本土化研究对于推动我国创新驱动战略和创新创业具有举足轻重的理论价值和现实意义。

2.7 本章小结

本章在对组织惯性进行研究综述的基础上，从组织惯性的定义、组织惯性作用层面、组织惯性产生机理、导致结果以及惯性干预五个方面对组织惯性概念、内涵和特征等近百年嬗变历程进行了梳理和论述。随后从组织创新、组织学习、创业理论等视角对组织惯性前沿交叉研究领域展开全面的论述，明晰了各领域研究的进展、缺陷并且指明未来发展方向。

总体上，经过半个世纪的积累组织惯性研究领域实现蓬勃发展，积累了一定理论探讨、案例研究和定量分析的研究，研究主题和成果不断碰撞和涌现，但是关于组织惯性与组织创新的影响未能达成一致的认识。组织深层次隐性、不易观察或识别的微观元素也是创新成功的关键，囿于组织惯性微观属性以及难以窥探的特征增加创新研究的挑战，结合数据验证分析组织惯性干预策略与差异化创新涌现机制、内在逻辑和关键性质仍待深化探索。

第 3 章

组织惯性维度的探索性研究

组织惯性概念界定以及维度构成是整个研究领域的基础。哈佛大学学者 Clark（2005）认为，实践界与理论界惯性类别的分歧是导致困境出现的原因之一[7]。惯性维度审慎识别是认识组织惯性属性和内涵、高效地避免或干预组织惯性实现持续成长的基本前提。组织惯性结构相对复杂，不同类型的组织惯性形成路径和机制呈现差异，表现为组织惯性子维度突破极可能强化另一类型。分歧的结论和不对称的格局难以实现学术意义上的收敛和统一，使得研究结论仍旧是堆积的碎片，难以呈现清晰的理论途径，更难以据此为组织惯性干预提供科学的对策和建议。为弥合上述研究分歧，本章将基于扎根理论方法（grounded theory）对开放式创新情境组织惯性维度进行探索性研究，并通过开放式译码（open coding）、主轴译码（axial coding）和选择性译码

(selective coding)的三级译码过程提炼组织惯性的维度，为深化组织惯性研究构建基础。

3.1 研究思路和方法

3.1.1 研究思路

本章主要研究思路为：综合运用组织惯性、组织创新、开放式创新等相关理论，基于 Meta 学习方法整合国内外已有相关成果、相关理论；然后选择代表性企业作为典型案例进行深入调研。通过访谈从实践角度了解组织创新过程惯性的表现形式以及导致组织惯性的关键因素有哪些；运用定性研究 Meta study 和扎根理论方法分析文献和访谈资料，理论界和实践界无缝对接全面捕捉和描述组织惯性现象，并依据惯性形成的不同机理以及影响因素廓清组织惯性维度，为我国企业创新发展提供可操作性的理论指导，也为创新驱动战略实施提供理论借鉴。

具体的过程和方法：本书沿用扎根理论研究逻辑分为 5 个阶段。首先，问题凝炼阶段，梳理组织惯性领域的研究成果，并有机整合前期实践调查成果，最终形成本研究核心问题。其次，数据搜集阶段，通过文献研读、深度访谈、内部文档获取一首资料。复次，数据分析阶段，将获取的原始资料概念化和抽象，在持续对比的过程中确定具化的概念和范畴；归类和对比概念和范畴以便进一步抽象出概念和范畴；

抽取不同概念和范畴之间的逻辑关系，进一步挖掘覆盖所有概念和范畴的核心概念。再次，理论构建阶段，编制概念和范畴关系建立开放式创新情境组织惯性维度理论模型，在识别理论是否饱和的基础上决定是否需要丰富资料，循环第二和第三阶段。最后，理论扩展与应用阶段。以建构的“开放式创新情境组织惯性维度模型”为基础，深入挖掘干预组织惯性的有效机制。

3.1.2 研究方法

（1）Meta 分析法

Meta 分析，是于 1990 年 Hunter 和 Schmidt 首次提出，主要用于临床医学的研究，并于 20 世纪 90 年代开始逐渐渗透在社会科学中[147]。当前状况下，Meta 分析通常包含两种方法：第一种方法是 Meta analysis，Meta analysis 包含两种类型，第一种类型是综合分析两个特定变量之间的关系；另一种类型是综合分析众多变量对某一特定变量之间的关系。第二种方法是 Meta 学习方法。本书之所以选择 Meta 学习方法作为组织惯性分类以及影响因素分析的工具，是因为组织惯性文献通常是以案例或访谈的形式出现，难以满足 Meta 分析对文献数量的要求；此外，惯性研究单个研究通常聚焦某一特征或者方面，范围的限制难以形成统一的整体概念，Meta 学习方法通过选取典型性文献样本深入分析组织惯性相同或者相似的概念以及相互影响因素等内容，能够使分析更加系统与透彻。Meta 学习方法选取和文献与案例研究样本选取相似，Eisenhardt（2007）认为，对案例研究方法来说，研究问题决定案例企业的选择标准，随机样本非但不必要甚至不可取[148]。Pettigrew（1990）同样强调案例研究选取应首先满足典型性和极端性[149]。无独有偶，Yin（1994）

同样强调案例研究要求案例选择具有重要性和极端性[150]。

(2) 扎根理论法

扎根理论（grounded theory）起源于20世纪60年代，产生于Glaser和Strauss针对医护工作者的一项实地观察研究。作为“当前社会科学领域具有影响力的研究范式”以及处于“质性研究革命前沿”的扎根理论作为一种解释的方法，擅长在主体间缺乏经验的情况下构建内涵的过程、解释有关社会现象的形成机理，是构建主义的本体论和相对主义的认知论[151]。

扎根理论是建立理论的方法，通常利用开放式访谈、文献分析以及实地观察等方法，对现象进行深入细致和长期的研究，获取具体的、细致的并且包含一定深度的质性材料，极大化地使资料达到饱和。扎根理论强调根植于资料的理论由此呈现勃勃生机。真正指导和引领生产和生活实践，更需要强调的是扎根理论强调规范的研究程序。它可以完整地追溯和还原整个过程，有效地摆脱其他类型质性研究印象性（imoressionistic）、轶事性（anecdotal）、片面的（unsystematic）并且携带主观偏见（biased）的诟病。具体地扎根理论研究程序和标准包含四方面内容：

①确定研究问题。与其他研究方法相比，扎根理论研究最典型特征是研究问题产生的阶段不同。与传统研究初期便确定研究问题不同，扎根理论研究强调研究问题自然涌现的，研究者简单地携带着对问题笼统和模糊的疑问，对研究问题的情境以及情境中的相关主体互动的细致观察和谨慎诠释，明确研究问题全貌，并且研究问题随着研究的深入可能进一步的游离。

②数据搜集。样本科学的选择是决定数据搜集质量的关键因素。扎根理论研究通常运用目的性抽样和理论性抽样两种。扎根理论研究初期采用目的性抽样，选择典型样本进行

初步探索，根据探索效果机动地选择下一抽样对象。理论抽样通常在开放性编码以后根据涌现的概念、范畴或论断相机确定抽样对象和搜集资料。即扎根理论中的资料搜集是动态过程的过程，由逐渐成型的实质或形式理论所控制。

③数据分析。数据分析的首要环节就是对资料内容进行分类和译码。译码本质是极度凝炼资料片段，以赋予标签的形式对资料进行归类、精炼和概括，是资料搜集以及揭示资料形成性理论的重要一环。Strauss 和 Corbin 将译码过程分为开放式译码（open coding）、主轴译码（axial coding）和选择性译码（selective coding），基于开放式译码、主轴译码和选择性译码分析提炼出资料的范畴，并通过逻辑线索识别范畴的性质以及范畴间复杂的本质关系[152]。具体地，开放式译码将资料进行分解、检验、比较、概念化和范畴化的过程。主轴译码根据 Pandit（1996）的观点，经过前因条件（causal conditions）→理论现象（phenomenon）→脉络背景（context）→中介条件（intervening conditions）→行动/互动策略（action - interaction）→结果（consequence），这一译码典范模型将开放式译码中所得到的各项范畴进行联结。选择性译码则是通过不断地比较和理论抽样，逐步提高概念抽象的层次，发展出系统地包容其他范畴的核心范畴，从而将各种相关联的变量纳入到一个简单、紧凑的理论框架当中[153]。如若核心范畴未能达到理论饱和，研究者应继续扩充样本获取新的资料并重复上述编码步骤，直至理论实现饱和。扎根理论的三级译码过程如图 3 - 1 所示。

④理论构建。扎根理论方法中理论构建本质是理论编码，抽丝剥茧般地识别概念和范畴间的关系，并尝试通过推演假设或逻辑关系串联各个概念和范畴，整合成具有意义的行动理论。此外，理论构建需要研究者对研究问题相关领域的进行回溯和梳理，作为资料重要来源与自身拟构建的理论

持续比较，发现或完善新涌现的概念或范畴的缺陷，从而完善所构建的理论。

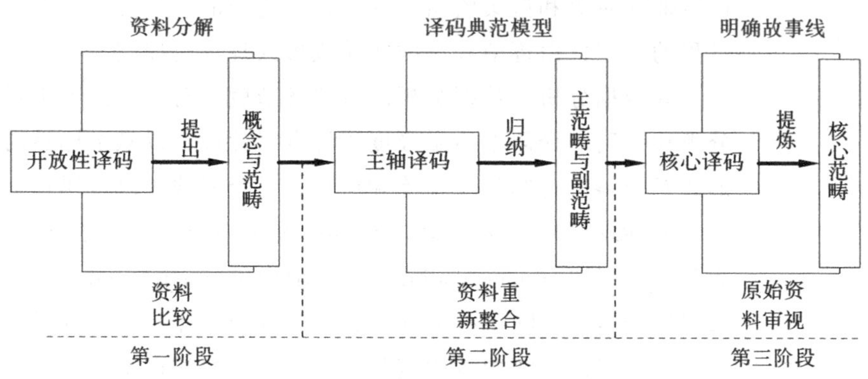

图 3－1　三级译码过程

（3）Meta 学习方法与扎根理论方法

第一，从方法论角度，Meta 学习方法和扎根理论逻辑基础一致。扎根理论沿袭解释主义逻辑，擅长抽象问题以及中微观、行动导向的社会互动过程。Meta 学习方法同样采用归纳逻辑，通过“自下而上”的方式进行理论构建，两种方法皆有效弥补现有理论研究不足的缺陷。第二，扎根理论定性研究允许选择较小数量但具有典型性的样本，通过深入分析访谈资料来研究现象的本质。同样，Meta 学习方法研究采用理论抽样的方法，针对最具有典型意义的文献样本进行深度研读，最精确聚焦研究目标。第三，定性视角通常以受访者的角度凝炼问题，而 Meta 学习方法基于研读权威期刊高引文献，通过以往研究者的观点和结论抽丝剥茧地寻找问题答案，相似的代理式或经验式逻辑基础为两者结合提供基础。蔡莉等（2011）将扎根思想用于创业研究框架构建，并成功发表在国内管理类顶级期刊“管理世界”[154]。

此外，扎根理论研究与 Meta 学习方法有机结合有利于构建更加科学的研究方法。一方面，扎根理论方法中的文献梳理并非从现有理论抽取待验证的论断，而是比较和分析的数据来源，借助 Meta 学习方法对主题研究现状进行全面而客观的了解和把控，克服扎根理论研究者难以规避的主观判断导致的偏差，确保所构建实质性理论的科学性、客观性和真实性。另一方面，Meta 学习方法在深度继承传统研究基础上，通过扎根理论方法兼顾新兴主题知识结构和研究特征的洞察。Meta study 融合扎根理论方法使得构建的理论与传统理论深度融合，更清晰地阐述构建的理论如何扩展、超越和挑战领域的学术观点，在有效保障研究主题延续性基础上跨越实质理论和形式理论鸿沟，将其上升成为形式理论。

扎根理论和 Meta 学习方法作为主要研究手段与本书初衷基本符合：本书旨在廓清国家创新驱动战略情境组织通过开放式创新干预组织惯性，创新主体、合作伙伴以及互动过程如何有效降低组织惯性消极效果进而提升合作创新绩效？通过深度访谈和 Meta 学习方法探究组织创新情境，廓清组织惯性构成维度，开放式创新背景下合作创新过程因素对各构成维度的差异化影响效果，以及创新主体、合作伙伴、合作过程对组织惯性综合构建与对合作创新绩效的影响呈现何种规律？基于对这一过程递进性诘问解释性的诠释，最终构建开放式创新背景下组织惯性维度及其干预机制模型，探讨如何构建干预组织惯性的有效机制。

3.2 资料搜集

3.2.1 文献搜集

案例研究隶属实证研究中的定性研究，基于对典型案例的了解、加工和认识从而探究未知或模糊的构念或关系。案例研究扩展了新理论以及完善现有理论具有良好的表现，逐渐成为众多学者偏好的研究范式，研究成果频繁见诸国内外顶级期刊。鉴于案例研究能够细致入微地观察并把控案例对象的复杂性，对研究对象进行扎实的分析描述。

本书通过四种方法搜集研究所需的文献：①Elsevier Science、EBSCO、ProQuest、Science Direct、ISI web of Science（SCIE、SSCI、ISTP、ISSHP）以及 Google 学术搜索、国外管理重要学术会议 IEE、IACMR 等检索相关文献检索题名、关键词、摘要或主题词中包含“organizational、structraual、rountine、active、cognitive、starategic、competitive、knowledge、core、capability”和“inertia、routine、stagment”两词组中任意一词的全部文献，并将论文时间范围设置为“所有年份”。在此基础上进行二次筛选，主要收录组织管理领域、组织战略领域和组织变革领域具有较高的影响力的国际顶级期刊，*Strategic Management Journal*，*Research Policy*，*Organization Science*，*Strategic Management Journal*，*Journal of Management*，*American Sociological Re-*

view, *Administrative Science Quarterly*, *Journal of Organizational Change Management* 等。②在中国期刊全文数据库（CSSCI）、中国期刊全文数据库（其他）、万方数据库检索系统、Google 学术搜索、全国博硕士论文咨询网以及互联网中，检索题名、关键词、摘要或主题词中包含“组织、结构、行为、认知、战略、竞争、知识、核心、能力”和“惯性、惯例、惰性、僵化”两组词中的任一词的文献，将论文时间范围设置为“所有年份”。在此基础上同样进行二次筛选，主要侧重管理世界、科研管理、科学学研究、管理评论等国家留学基金委 A 类期刊，上述期刊同样具有较高的影响力。③对国内外重要管理学期刊以及长期专注组织惯性领域研究的权威学者进行了专项检索，进一步链接、下载这些文献的相似文献，对于只有标题（摘要）的文献，通过文献传递或者馆际互借的方式获得全文。④相关领域的学者寻求帮助等方式获得尚未公开发表的有关组织惯性主题的研究文献。本书遵循“主题与组织惯性高度契合”和“权威性”原则，对搜集文献进行阅读和筛选。筛选过程中发现篇名、关键词或主题词中未能包含组织惯性相关概念，但较高的共同引用率且研究中心与组织惯性密切相关，在小组讨论后将这些文献同样纳入扎根研究编码和提炼范围。截至 2021 年 5 月，共检索到相关研究文献 25 篇，其中英文 19 篇，中文 6 篇（见表 3 - 1）。

表 3 - 1　　Meta 分析收录的文献列表

期刊	研究者	构成维度
科研管理	陈锟（2010）	组织创新
社会科学	白景坤（2017）	资源惯性和惯例惯性
南开管理评论	魏龙等（2021）	网络惯例
管理世界	简泽等（2020）	资源、惯例、认知和身份黏性

续表

期刊	研究者	构成维度
管理世界	张璐等（2020）	能力刚性
管理世界	周翔等（2018）	核心能力
Strategic Management Journal	Leonard（1992）	技术以及管理惯性
Research Policy	Teece（1986）	技术轨道
Organization Science	Dobrev（2003）	组织结构
Strategic Management Journal	Zott（2003）	资源、惯例、能力
Strategic Management Journal	Wu（2013）	技术变革
Organization Science	Kaplan（2005）	能力陷阱和认知局限
Journal of Management	Shimizu（2005）	资源承诺
American Ssociological Review	Hannan（1984）	再现性；结构惯性
Organization Science	Cohen（1991）	组织僵化
Australian Journal of Basic and Applied Sciences	Shalikar（2011）	知识惯性
Administrative Science Quarterly	Feldman（2003）	组织经验、组织惯例
Journal of Organizational Change Management	Huang（2013）	结构和战略惰性
Strategic Management Journal	Huff（1992）	制度惯性
Academy of Management Proceedings	Huff（1995）	资源惰性、制度承诺
Strategic Management Journal	Tripsas（2000）	惯例认知
Entrepreneurship Theory and Practice	Meyer（1993）	结构和战略自增强
Academy of Management Journal	Bresman（2013）	惯例静态性
Industrial and Corporate Change	Becker（2004）	认知和管理惯性
Academy of Management Journal	Opper（2019）	网络闭合与战略短视

3.2.2 访谈对象

与定量研究所采用的大规模随机抽样不同，扎根理论仅选择少数几个典型个案进行深入分析，注重样本的典型性而不是样本数量。因此，扎根理论要求样本在资料来源上必须有一定的深度，需要研究者在研究过程中根据新的发现纠正研究目的补充合适的研究对象，直到译码过程达到理论饱和位置。

扎根理论方法强调跨越时间维度获取宝贵资料（logitudinal information），以期对受访对象来源组织的发展动态过程以及独特情境实现全面的理解和刻画。或者某一时期内深入剖析特定事件，访谈过程覆盖面包含一线技术员工、技术负责人、管理人员等多个层面，多维度分析诠释相同问题。通过两方面的努力旨在优化归纳理论的外部效度，提高其他应用情境的匹配程度。

基于上述原则，本书基于两方面筛选访谈对象：一方面基于企业选择标准：①企业所处行业竞争激烈，环境复杂多变；②企业在行业具有典型的代表性；③企业积极与外部企业构建合作关系研发产品、服务或流程。另一方面基于受访者个体选择标准：①受访者需具备三年以上的工作经验，组织创新、技术范式转换、管理模式更迭以及组织变革等活动有丰富的参与和指导体验；②受访者或是对组织变革、组织转型升级或技术创新有深刻了解的科研院校人员。

通过“理论抽样”确定正式接受访谈的有效人数24人，访谈对象大部分来自与笔者所在研究所有着长期合作关系的大中型企业、科研院校，也有来自MBA学生的受访者，以企业管理人员、研发部门负责人或者项目负责人为主，同时涵盖对组织变革、组织转型或技术范式转换活动有着深刻认识科研院校的教授、研究员等。访谈对象来源广泛并具有一定的典范性，满足扎根理论对调研对象的要求，访谈对象的描述性统计结果如表3-2所示，访谈提纲详见附录A。

表 3 - 2　　受访者样本统计情况表

项目	类别	样本数	百分比
样本容量	有效	24	100
	无效	0	0
工作单位	大中型企业	12	50
	科研院校	9	37.5
	自由职业	3	12.5
职务等级	公司高层	2	8.3
	公司中层	5	20.8
	公司基层	5	20.8
	教授	3	12.5
	副教授	6	25
	自由职业	3	12.5
教育背景	博士	11	45.8
	硕士	5	20.8
	本科	7	29.1
	其他	1	4.1
	合计	24	100

3.2.3 访谈程序

（1）访谈提纲设计

查找对比相关文献与领域专家深度交流基础上规划设计访谈提纲，并且通过小范围试访谈涌现新的问题调整访谈内容，形成最终版本的“组织惯性表现类型以及影响因素的访谈提纲”，该提纲的设计逻辑如表 3 - 3 所示。

表3-3　访谈提纲的逻辑设计

主题	问题举例	目的
背景介绍	请您介绍一下您的工作单位、职务和教育背景	了解被访者的工作经历等基本情况
影响因素	您认为组织创新（合作创新）当中，组织惯性的表现形式有哪些？ 请您谈一谈导致组织惯性的因素有哪些？ 请您谈一谈组织惯性导致什么样的结果？	了解受访者对组织惯性定义和影响因看法和认知； 组织惯性的形成机制以及影响因素的识别
深层讨论	如果有可能您会提出什么样的建议降低组织惯性对组织创新（合作创新）的伤害呢？	对影响因素的重要性进行讨论，并阐述其存在的合理性和客观性
开放式问题	对刚才的讨论，您还有什么补充么？ 关于这个，您还有别的想法么？	补充完善受访者对某个问题的看法

（2）访谈前期准备

准备工作主要是预约和告知受访者。采用电话、传真、电子邮件或登门拜访等形式，通告受访者本次研究和访谈的目的、主题、研究意义和现实价值，提供受访者访谈提纲并预约具体访谈时间和地点，对于个别无法面对面交谈的受访者，采用微信或QQ等通信软件进行访谈。访谈的前期准备工作旨在消除访谈者和受访者之间的距离感消除沟通障碍；同时，通过该步骤促使受访者就正式的访谈进行总结和思考，为正式访谈的顺利进行和访谈资料的科学性提供支撑和保障。

（3）访谈过程控制

Charmaz强调建构主义研究在访谈过程呈现积极参与的态度，一方面与受访者尽可能构建互信关系，挖掘受访者真实的感受和想法；另一方面通过高质量的互动带入受访者角色，通过受访者观察现象和问题。因此，访谈开始之前尝试与受访者进行适当沟通，除了表明访谈目的、主题、研究意义和现实价值等信息，还通过闲谈让对方建立适应性心理并营造良好的访谈气氛，构建信任和自由的互动关系挖掘访谈的价值。

本书采用半结构化访谈兼顾访谈内容和受访者参与。在访谈的过程中，研究者灵活运用访谈提纲和谈话技巧对关键话题和核心问题进行把控，针对特定问题、新衍生出的现象和概念动态调整访谈内容和顺序，在做到有的放矢的同时合理掌握访谈节奏。此外，需要强调行为反应对研究者事后解读访谈资料，进行科学的概念划分、范畴归类有着重要的启示意义，因此访谈进行过程中对被访者的面部表情和肢体语言加以记录。

为满足深度访谈的要求，每次访谈的持续时间均要求在60分钟以上以便更好地捕捉和检视探究框架中提出的问题。在取得受访者同意之后全程对访谈进行录音确保资料搜集的完整性。每次访谈之前都会详细地向受访对象表明访谈目的，向被访者承诺尊重其个人隐私，访谈的信息或内容只用于研究，如有被访者个人信息泄漏愿承担相应的法律责任。通过上述措施打消被访者的顾虑，被访者与访谈者构建了高质量的信任关系，为本书提供了丰富的一手资料。

（4）访谈资料整理

访谈资料的整理发生在访谈结束后，研究者将每次访谈录音转化为书面文本，并将受访者的表情、语气和动作按时间顺序加以标注。本书每次访谈时间有些微差入，平均每次访谈持续大约60分钟，总共获得约23小时的访谈录音资料，转化为书面文本共计约21万字。

经过对资料搜集与初步编码，核心概念和范畴初步涌现，为进一步实现理论饱和，本书基于研究过程理论构建的实际情况进行理论抽样，最终确定由11位团队成员外加1位组织者构成的某合作创新项目团队进行焦点小组访谈。通过事先准备的半开放式焦点小组访谈提纲通过“头脑风暴唤醒团队”成员热烈讨论，获取关于组织惯性与合作创新的亲身经历和真实想法，获取了接近90分钟的录音资料，转化为书面文本共计约2万字（焦点小组访谈提纲详见附件A）。

除了面对面个人访谈、焦点小组访谈以及高引文献获取相关数据，本书还通过内部资料以及公开信息等多种形式获取资料，其中获取集体座谈会资料2份、项目课题汇报1份、成果评估报告2份，约3万字长时间跨度的资料实现对开放式创新情境以及该情境下组织惯性干预系统的理解和把握，使研究基础更加紧实有效。

备忘录是记录研究者关于研究过程的思考，延伸数据和研究对象的广度和深度，规范研究者时刻保持理论警醒引导理论构建。每次调研将现场的观察、想法和观点以及访谈过程和内容的反思进行详细地备忘录记载，访谈完成后立即总结访谈过程并整理备忘录。

本书采用ATLAS. ti6.0定性分析软件，将收集的个人访谈资料、集体座谈会、公司各类文件资料以及反思备忘录以文本的形式导入ATLAS. ti6.0中进行深层分析。ATLAS. ti6.0是可以对大量文字、图片以及影音数据进行定性分析的强大平台，提供可以处理非结构化数据的工具，借此挖掘隐藏在数据中的复杂现象。直至成文之前，研究仍在持续搜集相关资料。

3.3 资料译码

3.3.1 开放式译码

通过对访谈资料的转录和初步整理，基于扎根理论的译码原则和步骤对访谈资料进行开放式译码。此外对Meta学习方法搜集的关键文献进行转录和整理，具体地在Meta分析过程中对传统学者提出的研究假设和理论命题以及研究关注的未来研究方向，特别关注组织惯性文献研究中的自变量、中介变量（调节变量）、因变量、控制变量等研究变量，并且通过词语或者短语对文献呈现的观点进行概括，进行开放式译码。

开放式译码是将文献资料和访谈资料大大简化、突出内涵，为进一步挖掘研究主题，寻找隐藏在访谈资料中的核心内容打下良好的基础[155]。开放式译码是扎根理论研究中资料分析的基础工作，应该紧密贴近数据，对资料呈现的内容保持开放的态度，杜绝将预定的认知和观点移植到开放式译码过程，具体包含对资料的分解和比较、概念化、规范化和范畴化等过程。概念化是将文献和访谈所获取的资料转化为概念，应尽可能地靠拢并概括反应的词语，并非直接套用研究主题的词语，避免研究过程未经审慎分析发生概念跳跃，快速沿袭传统理论。规范化则是对语词间的语意关系进行解析探讨与分析的过程，建立个主题词之间的相关关系，整合不同概念之间的关联关系，对下一步的范畴和过程奠定基础。规范化通过同意关系、相关关系、分属关系，对概念和主题词加以规范化的过程，最终形成科学的研究主题词和概念，为范畴化打下基础。范畴化则是将相似的概念聚拢成为一个类组，凝炼出一个较高级别也比较抽象的概念来代替，这种概念即为范畴（categories)，该过程即为范畴化的过程[152]。

访谈内容主要围绕组织惯性维度以及影响因素的研究，因此本次访谈主要内容集中在两个主题：对组织惯性的认知和理解以及对组织惯性影响因素的分析和讨论。围绕研究主题，根据扎根理论开放式译码抽取原则，对转录文本进行打散分解出多个概念，比较概念之间的相似性或关联性，进而将概念重新构建并加以类聚形成高阶的范畴。在此过程中，就相关概念和范畴与组织战略管理和创新管理相关领域的专家进行深入交流。经过“数据搜集—编码—分析—重复数据搜集”多次循环以及逐字逐句的分析和讨论，共取得初级概念762个（a1 - a762)。

开放式译码过程中的概念化和范畴化是将访谈资料转换成为一个便于分析和比较的单元，对现象以及相关假设进行推导，以期进一步探索、识别范畴间的新关系。开放式译码中概念化的过程是对原始资料中所有可能的现象的内容进行识别，进一步获得概念群的过程。对初级概念进行同意关系、相关关系和分属关系的分析，萃取出117个正式概念(A1 - A117)，在此基础上构建了117个主体词表达一个独立正式概念，并明确117个正式概念之间的相互关系。

研究基于所获得的概念群以及真实概念之间的相互关系，借助主题分析方法将代表同一现象或具有相关关系的概念进行范畴化。本书在一级主题词的基础上通过聚类以便获得更加抽象化的二级主题词。所获取的概念之间暂时性的关系，需要进一步在主轴译码过程中经由相应资料进行验证。对117个正式概念进行提炼，最终得到36个范畴（AA1－AA36），这些范畴分别是：思维定势、认知增持、消极情绪、抗拒行为、心智模式、认知交互、自省行为、组织环境、调整方式、组织惯例、生命周期、组织结构、组织文化、组织合理性、外部环境、组织资源、组织学习、组织创新、静态资源观、资源配置、资源获取、专业化、认知能力、潜在风险、企业间关系、行业变革、研发活动、组织绩效、学习承诺、外部网络、内部网络、非正式团队、跨功能团队、知识活动、员工成长、组织成长、组织创新，开放式译码的整理内容如表3－4所示（原始资料记录与概念标号已经根据范畴进行二次整理）。

表3－4　　开放式译码范畴化（节选）

原始资料摘录	初始编码			
	原生编码	贴标签	概念化	范畴化
管理者侧重习得性反应，而不是对新方法的探索，同时加重反应结构和认知的增持效果…… 经验影响组织执行变革的倾向，而熟悉某一类型变革套路之后，组织更会倾向于相类似的变革，从而形成另一方面的惯性，禁锢其他类型变革的发生…… 组织可靠性与问责性也是员工获取组织相关技能的函数…… 默会性导致组织外部环	管理者习得性反应加重认知的增持效果 经验对变革套路的束缚 经验增加外部环境误判和误读的风险 战略层面制度惯性 组织可靠性和问责性与员工成长相关 知识和技能体现对组织技术和科学	习得性反应 认知增持 经验 变革类型 风险 可靠性 问责性 员工成长 专属性 默会性 较少投入 心智模式 员工间关系 学习 工作期望	A1：习得性反应 A2：意识惯性 A3：组织记忆 A4：经验 A5：认知路径 A6：认知地图 A7：认知理念 A8：压力 A9：恐惧 A10：愤怒 A11：失落 A13：抵触 A14：抱怨 A15：对抗 A16：退化心理	AA1：思维定势 AA2：认知增持 AA3：消极情绪 AA4：抗拒行为 AA5：心智模式 AA6：认知交互 AA7：自省行为 AA8：组织环境 AA9：调整方式

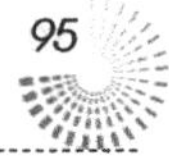

续表

原始资料摘录	初始编码			
	原生编码	贴标签	概念化	范畴化
境以及内部动态能力等	专属性局限使用	失业	A17：过激行为	
问题的有效性……	领域	风险	A18：威胁感知	
能从另一个侧面约束员	默会性增加运用	对抗	A19：情商	
工获取组织技能，该技	难度	压力	A20：质疑精神	
能在其他企业的可用性	较少的付出完成	恐惧	A21：期望	
大幅度降低……	任务	愤怒	A22：洞察力	
员工携带的知识和技能	心智模式对学习	失落	A23：对话	
是与核心能力紧密相关	和组织调整的	心理退化	A24：学习	
的要素，与新产品的研	影响	管理者疏通	A25：头脑风暴	
发紧密相关……	心智模式针对新	消极情绪	A26：员工参与	
组织对变革的抗拒也体	情况的更新	过激行为	A27：反省	
现在心理惰性，组织内	变化影响到关系	焦虑	A28：投入	
部员工固执地对抗变革	变化意味着学习	消极	A29：用心	
不论组织变革是多么的	变化带来新的工	科学计划	A30：组织文化	
迫切……	作期望	系统解决	A31：信任环境	
参与者可以仅仅付出较	变化带来失业等	质疑精神	A32：开放环境	
少的努力，处理大量的	风险	对话	A33：遏制消极	
信息……	组织变革过程活	反省	情绪	
心智模式未能对外部环	动中的自我、他	思维定势	A34：员工间关系	
境变化进行完整解释，	人和现实对抗	安全空间、	A35：危机意识	
使得学习过程、组织调	变动带来压力和	时间	A36：机会识别	
整和有效性受阻……	焦虑、恐惧、愤	自省	A37：科学筹划	
共享心智模式包含组织	怒以及失落等情	集体学习	A38：结构调整	
惯例，有效的解决以往	绪反应	认知交互	A39：难易程度	
的问题却并不适用当前	退化的心理动力	运作流程	A40：反应时间	
新情况，同样阻碍组织	是导致组织功能	认知需求		
洞察力的发挥……	障碍的主要原因	机会识别		
变化影响长期维持关系	组织和领导者疏	危机意识		
的丧失、新技能的学	导和遏制组织消	协调		
习，工作以及绩效的期	极情绪	沟通		

续表

原始资料摘录	初始编码			
	原生编码	贴标签	概念化	范畴化
望，需要付诸更多的努力…… 组织结构精简或再设计导致失业…… 组织和领导者在员工表现出消极情绪和焦虑时承担遏制和保持功能的职责，疏导、遏制员工过激行为、焦虑以及伴随个体或团队心理防御机制产生的心理消沉等情绪事件…… 组织领导者成功遏制焦虑、心理退化以及防御有助于学习反省、解决争端以及变革…… 经历变革承受压力并导致焦虑、恐惧、愤怒以及失落等常见的情绪反应进而演化成个体、团队心理防御型的反应…… 遏制焦虑、心理防御、激进行为以及恐惧和愤怒等情绪有助于建设更理想的工作场所…… 未能及时、成功遏制的消极心理进一步发酵以及由上而下的命令式压迫长久的导致心理退	过激行为、焦虑、消极情绪引起的心理消沉 变革推进的不合理加剧进行的难度 计划不详实以及执行的不得法 系统的解决问题和前提控制 提倡质疑精神 周期性的对话和反省降低思维定式 营造安全的时间和空间 必须打破思维惰性才能与现实打交道 自省的团队显著刺激各种视角碰撞的集体学习 自省探索以及对自身经验和行动的好奇开拓学习新的可能 认知交互作用涉及不同的认知需求 组织中的自省活	协作 监管 便利付出平衡 信息搜索 心智模式 行动 组织学习 组织记忆 双环学习 修正 群体视角 意见 创意 反馈 员工尊重 关系维系 技能获取 工作绩效 经验依赖 认知交互 信息搜集 认知路径 认知模式 信任环境 开放环境		

续表

原始资料摘录	初始编码			
	原生编码	贴标签	概念化	范畴化
化……	动有助于深入理			
计划不周全以及执行差	解运作流程和			
强人意的变革，在组织	机会			
中缺少详细的思考蛮横	运用危机意识和			
的执行，组织员工想当	变革改进组织			
然地抵触与抱怨……	活动			
改进的想法必须转化成	协调、沟通、协			
具体的措施，如对政策	作和监管影响该			
和结构作出调整……	过程			
系统的问题解决方法鼓	便利与主动思考			
励和欢迎任务设计和管	的平衡			
理等过程的质疑，一切	信息的搜集对决			
都可质疑……	策的影响			
前提控制在识别关键假	心智模式、行动			
设和前提的基础上，系	以及实践惯例对			
统的搜集数据检验运行	组织学习和记忆			
精度……	的影响			
问题的定义是关键的第	双环学习对活动			
一步，发生错误部位，	和思维的修正			
导致原因、作用效果以	群体视角鼓励不			
及相互关系也是接下来	同意见、新创意			
需要解决的问题……	以及反馈			
敌对、妒忌以及毁灭性	对不同的意见、			
和人际间冲突的遏制消	反馈的认同和尊			
亡需要一个相对安全的	重员工			
空间和时间……	绩效导致等创伤			
从失败中学习，通过周	性事件			
期性的进行对话和反	关系、新技能、			
省，弱化"思维定势"	工作绩效和期望			
和想当然毒害……	以往经验的依赖			

续表

原始资料摘录	初始编码			
	原生编码	贴标签	概念化	范畴化
面对复杂、特殊以及不确定情况，自省活动更积极采取自觉行为……自身、他人经验的学习，对经验的分析而不是想当然地接受，对困境的理解和解决获取新的视角……通过危机意识和变革性调整、意识构建和创新性进程……经验丰富组织积极进行相同或类似的变革，进而可能处于一个相对有利的位置……以往成功经验的活动影响到市场信号解读……专注于当前经验和现实，以更开放、接受性的意识和注意力，关注正在进行的事件和经验……注重团队成员个人技能的发展，在构建信任和开放的环境中，最小化的降低团队成员防御性措施……个体决策、领导方式以及分析报告产生的威胁以及压力使得双环学习	认知交互数据寻找和搜集 认知路径和认知模式对活动的影响 构建开放、信任的环境			

续表

原始资料摘录	初始编码			
	原生编码	贴标签	概念化	范畴化
潜能未被充分的认知以及开发…… 运用头脑风暴法确定解决办法，单管、多管齐下，逐次投入资源并实施管理和反馈…… 接受不同情绪的组织文化，争论双方和观点的阐述和辩论是组织高效运转生产性和支持性的表现…… 绩效下降的我们必须作出战略调整…… 双环学习检查活动扭曲、错误的理解以及对外部事物静态、理所应当的认知……				
针对外部环境的变化进行适应，在组织内部进行调整的传统认知…… 将项目活动作为改变调整现有知识以及构建可行新能力的契机…… 组织针对外部环境的变化调整传统认知…… 组织的变革受到内外部结构条件的影响…… 资源特性和能力以及市场条件对就决定组织持续竞争优势……	内外部条件的影响 应对外部变化需在组织内部进行调整 新项目活动也是进行现有知识和能力搜索和构建的机会 外部环境影响着改革的发生和结果 专属竞争能力	内外部条件的影响 外部变化 组织内部调整 新项目构建知识和能力 资源配置 资源特性 市场条件 动态能力 组织资源 惯例 能力	A41：组织惯例 A42：生命周期 A43：组织规模 A44：组织结构 A45：组织复杂 A46：组织僵化 A47：价值观 A48：工作挑战 A49：自我成就 A50：风险厌恶 A51：稳定性 A52：可靠性	AA10：组织惯例 AA11：生命周期 AA12：组织结构 AA13：组织文化 AA14：组织合理性 AA15：外部环境 AA16：组织资源 AA17：组织学习 AA18：组织创新

续表

原始资料摘录	初始编码			
	原生编码	贴标签	概念化	范畴化
动态能力影响组织资源定位、能力、操作惯例以及绩效…… 组织单纯沿用既有能力，不在学习、发展新的能力…… 组织稳定性和可靠性的需要…… 对外部环境响应滞后，对组织从创新产生阻碍作用…… 通过学习，不断搜寻和弥补绩效…… 多层递阶系统下信息、指令和资源是相互独立的，调整只波及该子系统单元内部，之外的单元无需进行环状或者链条式的变动…… 复杂性以及官僚主义往往等同于笨拙、迟缓，任何一个反应都需要牵扯不同的利益团体，组织相互之间的平衡和协调耗费巨大的时间以及精力…… 组织对其资源配置以及决策、规则以及活动等产生特殊效果的整顿过程作出理性说明……	核心或组织胜任力 外部环境影响着改革的发生和结果 专属竞争能力、企业专属胜任力、资源配置以及隐形资产 资源特性和能力以及市场条件对可持续竞争优势的影响 动态能力通过调整组织资源、惯例和能力 资源生态位、能力、操作以及活动 市场地位以及绩效 既有能力的坚持、放弃学习和发展新的能力 组织稳定性和可靠性的需要 对环境响应相对滞后 对创新经验和环境是核	资源生态位 外部环境 胜任力 隐性资产 既有能力 学习 新能力 组织合理性 默会性 价值观 流程惰性 能力开发 能力升级 分配 营销 沟通 搜索 多样化短缺 框架 管理 沟通 重组 经济 挑战 匹配性 生命周期 磨合 管理活动 成本曲线 结构和流程	A53：问责性 A54：市场条件 A55：市场地位 A56：机遇 A57：挑战 A58：组织资源 A59：社会资本 A60：学习 A61：能力升级 A62：搜索、重组 A63：多样性构建 A64：创新	

续表

原始资料摘录	初始编码			
	原生编码	贴标签	概念化	范畴化
组织恰当的规则和过程以优化资源配置和调整企业组织活动…… 集体对组织活动的拥护，员工希望确保自身投入的时间和精力得到合理的使用…… 员工希望自身职业规划以相对科学的轨迹进行，投资者通过评估避免自身资金承受风险…… 技能和知识的日积月累以及编码化困难特质引致默会性和静态性…… 价值观以及文化下短时间内难以改变…… ××企业走向衰败的主要原因是其业务流程和能力出现惰性，未对新兴机遇和潜在威胁给予足够的重视…… 组织惰性在研发过程中只专注于既有能力的利用，忽视在既有能力上的开发，升级和创造的能力…… 成熟企业仍偏好部署制造、分配和营销类的补充性资产……	心，经验性智慧，是错学习和对过去的行为的选择保留的结果 经验和荣誉、学习短视和刚性相关 转变商业模式的风险和不确定性 惰性来自个体承诺、财务投资和对当前活动提供支持的制度机制 对日复一日下压力和惰性的反应和理解 组织结构和战略的自增强变得根深蒂固和难以改 既得利益对组织惰性的影响，资本投入、专有技能以及知识和政治过程 惯性在市场导向的体现 忽视在既有能力上的开发，升级和创造的能力 对外部市场新机	惯例和实践的转移 组织能力 经验 荣誉 工作挑战 自我成就 风险厌恶 商业模式 当前承诺 财务投资 制度投资 结构僵化 分权 组织规范 渐进式创新		

续表

原始资料摘录	初始编码			
	原生编码	贴标签	概念化	范畴化
只有在对能力有清晰的了解基础上才能保障转移活动的顺畅，复杂和新颖的知识加上沟通活动的匮乏加强惯性的影响…… 个体和团队执行和意识中的惯性可能是静态外部环境的结果，面临根本性变革下降低组织韧性以及适应力。导致组织能力欠缺以及组织匹配性问题，搜索选择以及创新惯例多样性短缺…… 框架、管理角色以及沟通机制持续的对资本以及资源（再）重组以应对外部的基于和挑战…… 管理对内外部环境变动迹象的观察和释义迟钝，导致组织活动调整和决策以符合环境、市场地位以及内部变革需求的步骤相对迟缓与脱节…… 老企业与新成立企业相比，再现性较强。新生组织合作伙伴、信任的	遇的搜索，对顾客新需求以及竞争对手活动的监视 动态性的一些表现：内部和外部知识的整合、动态的学习、新能力获取、运用以及升级 核心能力在外部变化环境下甚至会转化成核心僵化，即所谓的能力陷阱 动态能力是组织更新能力以满足不断变化的市场需求，包含了整合、学习以及重组组织内外部技术和资源 凭借动态能力不断的识别机遇、抓住机遇以及通过升级、整合、保护和重组有形或无形的资产保持优势 组织存活的越			

续表

原始资料摘录	初始编码			
	原生编码	贴标签	概念化	范畴化
构建以及磨合需要耗费相应的时间。老企业可以直接采用、借鉴原有惯例性活动，降低成本曲线…… 工作挑战、自我成就、风险厌恶型等个人的特性…… 企业商业模式惯例具有风险和高不确定性，以往成功商业模式对组织惰性形成有不小的影响…… 实际观察可分辨的戏剧化、状态更新努力以及其他同等重要却较少显著更新努力，对组织当前战略维持作用的影响…… 组织情境下的战略惰性是对当前战略的承诺，表现为员工对特定操作、实施当前战略的制度机理、资金投入和社会期望…… 管理组织不同层级的系统和规则导致结构的僵化，阻碍顾客和技术的反应…… 动态能力的实现需要分	久，其重复性呈现指数性上升…… 组织僵化遏制企业成长、创新等活动的进行…… 惯例以及实践的转移以及未来成长，受到惯例和实践嵌入程度的影响…… 动态外部环境需要组织持续更新…… 惰性则是对当前状态的维持，拒绝对当前战略框架外进行调整…… 系统的问题解决方法鼓励和欢迎任务设计和管理等过程的质疑，一切都可质疑			

续表

原始资料摘录	初始编码			
	原生编码	贴标签	概念化	范畴化
权式管理以使管理者更加熟悉新的技术、顾客和市场…… 外部对信息获取的限制、法律限制以及群体理性。内部惰性来源包含厂房和器具的投资、信息获取限制以及组织历史…… 组织市场导向应在满足现有顾客的同时，更应该注意开发新客户…… 伴随着组织规模、能力的增强，官僚化机构、市场反应以及风险厌恶等各种问题逐渐露出水面…… 能力刚性和组织惰性使得大型企业本能选择渐进式创新…… 顾客的惰性导致创新类型的影响…… 行动导向 管理信息搜集以及对变化的外部环境的响应的滞后过于缓慢影响组织反应。管理假设和前提阻碍及时了解外部环境的变化。跨功能团队的运用以及系统问题解决				

续表

原始资料摘录	初始编码			
	原生编码	贴标签	概念化	范畴化
方法克服活动惯性 问题的定义是关键的第一步，发生错误部位，导致原因、作用效果以及相互关系也是接下来需要解决的问题。运用头脑风暴法确定解决办法，单管、多管齐下，逐次投入资源并实施管理和反馈……				
新技术、价格以及绩效的服务对象主要面对新兴市场，而不是面对现有市场…… 新技术活动遇阻企业返回原技术领域…… 资本市场和消费者市场都需要考量 组织惰性层面分析对兼并部门进行剥离，认为降低或打破惯性动量有助于进行剥离活动 买家影响组织资源配置…… 渐进式或模仿创新等行为扼杀新能力的开发和培养 资源配置通常忽视该新技术的资源需求…… 市场地位保护抑或资源	新技术面对新市场 影响技术间断变革投资 市场力量导致的资源僵化…… 惯性动量影响剥离活动 技术更新需要调配转移原有业务 竞食效应降低技术转移意愿 绩效表现约束商业模式以及产品结构 新技术的出现为组织技术转移提供了要求 技术、信息、战略对机会识别	资源配置 资本市场 消费者市场 公开权益市场 上下游企业 资金 消费者 绩效表现 资源配置 市场地位 技术间断 剥离 惯性动量 地位保护 资源依赖 技术更新 原有业务打破 竞食效应 技术转移意愿	A65：资源依赖 A66：资源控制 A67：资源配置 A68：资源获取 A69：共同专业化 A70：互补专业化 A71：制度化 A72：认知结构 A73：风险 A74：利益 A75：资金 A76：挫折 A77：绩效 A78：市场地位 A79：竞食效应 A80：企业间关系 A81：资本市场 A82：消费者喜好 A83：技术更新 A84：行业变革	AA19：静态资源观 AA20：资源配置 AA21：资源获取 AA22：专业化 AA23：认知能力 AA24：潜在风险 AA25：企业间关系 AA26：行业变革 AA27：研发活动 AA28：组织绩效

续表

原始资料摘录	初始编码			
	原生编码	贴标签	概念化	范畴化
依赖造成的障碍，都是阻碍组织进行技术间断变革投资的强劲的惰性力量，技术的转移并不是最好的选择 威胁到组织市场领导地位的市场调整，组织通常在战略层面就否决该类型的调整…… 新企业相比老企业资源获取能力差距较大…… 新技术代替传统技术，需要调配、转移原有业务份额，原技术、业务带来的竞食效应，降低进行新技术投资的意愿…… 随着互联网的普及，以及网络带宽的扩容可以满足人们对…… 当前市场接受的企业技术轨迹并不意味着最终结果，有可能还不如其他选择…… 在现有商业模式或相近领域寻找创新机会…… 传统能力往往具有刚性，会对组织的创新产生阻碍作用…… 模仿创新扼杀组织对新	风险约束组织调整 企业生命周期的影响 新技术革命的出现，对现存技术冲击 行业变革、新公司上位、格局变化 科技进步既是挑战也是机遇 补充性资源阻碍 动态能力 倾向于自身技术能力的开发 能力陷阱和认知局限 密集的资源交换网络 多年的企业间关系 补充性资产阻碍 动态能力 对资源控制资本的筛选和流通 单一营销能力阻碍企业开展新的业务 实现自身利益最	渐进式或模仿创新 新能力开发和培养 静态资源观 市场动态性 组织演化 新市场渗透 采购 技术改造 流程改进 科技革命 能力陷阱 认知局限 行业变革 新公司上位 补充性资源 动态能力 纵向企业间关系 输送管道 新企业 老企业 资源获取 技术开发 企业间关系 资源控制 利益最大化 顾客关系 顾客需求	A85：新公司上位 A86：研发提升 A87：技术开发 A88：技术转移 A89：新市场开发 A90：技术相似 A91：产品雷同 A92：组织绩效	

续表

原始资料摘录	初始编码			
	原生编码	贴标签	概念化	范畴化
能力开发和培养…… 积极投身于新兴市场的渗透、采购和兼并、大规模定制以及技术和流程的改进…… 行业大变革，新公司上位，格局改变能力陷阱和认知局限…… 企业在进行技术轨迹转变时，兼顾补充资产的利用和产出…… 新企业相对于老企业外部资源获取能力相对较弱，一般倾向于自身技术支撑企业成长，老企业则构建密集的资源交换网络，凭借多年建立的企业间关系发挥自身的政治影响，控制资源和资本的流通，以实现自身的利益最大化…… 破坏型技术影响到组织外部相对稳定营销网络，浪费突破式技术创新的识别和开发…… 顾客的局限认知使得过分强调顾客关系的企业，倾向于以顾客需求为核心的渐变式创新而非变革创新……	大化 过分依赖顾客 与顾客维系良好的关系是企业根本 顾客需求为核心的渐变式创新 静态资源观忽视市场动态性以及组织演化进程 营销战术制度化引起市场偏执 顾客认知结构、信息搜索能力以及碎片性知识 修补、粉饰当前技术和产品 良好的组织间关系降低组织风险 对合作企业的了解提升研发活动 伙伴间关系有助于共同专业化、互补专业化 顾客、产品使用者产生共同能力 营销战术能力制度化降低组织突破性创新的意愿……	渐变式创新 商业模式 相近领域 营销能力 营销战术 制度化 偏执 认知结构 信息搜索 纵向企业关系 技术相似 产品雷同 降低风险 改进研发活动 共同专业化 互补专业化 共同能力		

续表

原始资料摘录	初始编码			
	原生编码	贴标签	概念化	范畴化
顾客依赖导致组织倾向于在现有商业模式相近领域寻找创新机会，在搜集顾客的使用感受和反馈的基础上对现有产品功能和属性按照顾客的需求进行渐进式创新…… 单一营销战术能力阻碍企业开展变革式创新。推销、渠道等营销战术能力为组织赖以生存的根本，注入各种资本不断地加强，忽视品牌、创新等能力…… 纵向企业之间良好的关系降低组织纵向整合水平较低降低组织风险…… 对合作企业的能力了解提升合作研发活动的有效性，长期伙伴关系为共同专业化、互补专业化提供进化空间…… 顾客、创新产品使用者吸收能力伴随着彼此熟悉过程显著提升，并进一步形成合作企业之间学习过程衍生的副产品——共同能力……	顾客对产品的性能以及整改意见影响组织活动……			

续表

<table>
<tr><th rowspan="2">原始资料摘录</th><th colspan="4">初始编码</th></tr>
<tr><th>原生编码</th><th>贴标签</th><th>概念化</th><th>范畴化</th></tr>
<tr>
<td>员工具备所需的知识，却与要处理的问题不相关，不能施展获取的新知识……
组织活动调整和决策与环境、市场以及内部变革需求的脱节
获取知识调整自身行为，别人我管不到也不需要管……
我的创造力就这样被无视了……
组织未能完整地将组织习得的知识融合到组织记忆……
缺乏外部网络将自身知识进行贯通……
内部网络以及知识整合的途径不规范
没有足够的组织关系可以利用
新知识有效利用的关键是知识不断地捕捉以及长期的保留……
学习以及反思活动是克服思维惰性的有效方式……
企业员工就组织专有学习活动的投入相对较少，有上一次的成功经</td>
<td>学习目标不清晰
学习环节相对滞后
新知识获取途径稀缺
实务典范通常被忽视了
即兴创作解决问题得不到重视
实务典范并未正式发现并被组织掌握
碎片式学习
外部网络构建学习途径和知识活动管道
内部知识整合脱节
对外来知识进行吸收
外部环境的响应相对迟钝
搜集的信息难以提供指导
运用已有知识，逃避学习和投入
沟通和交流是学习的重要途径
新环境强调学习的必要性</td>
<td>学习目标
学习过程
知识获取途径
实务典范
碎片式学习
外部网络
知识获取管道
知识整合
知识捕捉
响应迟钝
学习惯性
逃避付出
沟通
交流
新环境
学习承诺
学习需求
学习条件
经验推广
共同愿景
员工成长
员工参与
思维惰性
代理式学习
危机感知
组织惯性
组织变革
传统思维
知识转移
技术转移</td>
<td>A93：经验惯性
A94：碎片式学习
A95：即兴创作
A96：学习承诺
A97：学习脱节
A98：外部网络
A99：内部网络
A100：非正式团队
A101：跨功能团队
A102：岗位转换
A103：知识获取
A104：知识吸收
A105：知识同化
A106：知识组合
A107：知识散布
A108：知识利用
A109：个体发展
A110：培训
A111：招聘
A112：职业激励
A113：组织成长
A114：组织发展
A115：创新
A116：战略
A117：研发</td>
<td>AA29：学习承诺
AA30：外部网络
AA31：内部网络
AA32：非正式团队
AA33：跨功能团队
AA34：知识活动
AA35：员工成长
AA36：组织成长
AA37：组织创新</td>
</tr>
</table>

续表

原始资料摘录	初始编码			
	原生编码	贴标签	概念化	范畴化
验可以借鉴，不必重新	学习承诺和学习	组织发展		
学习和投入……	需求	组织学习		
不能及时和上级沟	创造学习的条件	知识特质		
通……	学习推广新经验	知识分享		
新环境需要新员工不断	组织目标构建普	知识默会性		
的新技能学习掌握新的	及共同愿景	组织机制		
技能……	组织任务和员工	常规活动		
经验少的人一方面需要	成长的协调	共同目标		
学习，却不知道怎么	组织应将组织变	对手模仿		
学习	革和韧性实现告	本土适应		
通过制造新的机会为员	知员工	新惯例调整		
工学习创造新的条件	组织或个体传统	政治因素		
领导者、管理层新经验	思维	规避风险		
缺失导致组织表现出较	惯例的代理式	学习落后		
强学习承诺以及学习需	学习	管理脱节		
求……	危机感知	整合机制		
通过学习增加新经验增	组织惯性阻碍组	补充关系		
长的能力……	织变革和发展	协同关系		
依据组织目标，构建并	传统思维的打破	组织能力		
普及共同愿景，实现组	将变革的必要性	组织资源		
织任务达成与员工自身	进行传输	专业人士		
发展相协调……	惯性影响知识和	职位转换		
员工自身也应对创新敞	技术沟通和转移	跨专业学习		
开怀抱，组织应就组织	惯例影响组织发	战略		
变革以及韧性实现方法	展和学习	研发		
传授、告知员工……	知识特质以及背	产品		
打破组织或个体传统思	景影响知识分享	创新		
维方式并就组织惯性打	知识资源默会性	吸收		
破的必要性告知组织各	组织机制以及常	同化		
个层面……	规性活动决定共	组合		

续表

原始资料摘录	初始编码			
	原生编码	贴标签	概念化	范畴化
惯性影响组织内部知识和包含技术在内能力的沟通和转移…… 惯例调整以及能力的转移是组织发展和学习的前提…… 知识的流动是知识自身特性、特定组织背景下的特定目标下个体发展、分享以及利用知识能力和兴趣的函数 组织内部建立的机制以及常规性控制活动以协调、统一各参与个体的活动朝着共同的目标迈进 在动态环境下惯例以及自身能力是组织不断创新并阻止竞争对手模仿创新的重要途径…… 惯例的借鉴并不是单纯的复制、粘贴他人的经验，新惯例在团队和组织中扩散吸收呈现动态性…… 成功经验导致管理者固守已经不适应新环境的活动和行为…… 组织复杂度和官僚风气影响组织反应时间	同目标 实现过程 惯例的不断更新 防止对手模仿创新 惯例的转移应贴近本企业 环境和组织的变化影响新惯例的接受和溶解 经验产生消极效果 组织内部政治因素规避风险 权利以及政治因素规避变革…… 常规性控制影响到组织学习、知识以及能力…… 经验学习跟不上市场变化…… 组织长期积累经验的束缚 知识本身以及交互、整合的机制构成组织知识基础 资源交互加深补充性、协同性关系的构建，并基于强社会关系不	散布 运用 利用 非正式团队 信息交换		

续表

原始资料摘录	初始编码			
	原生编码	贴标签	概念化	范畴化
组织长时间以来积累的深层次的结构记忆…… 知识自身呈现默会性、情境性以及难以编码性…… 吸收、同化、组合、散布、运用以及利用知识以达成组织目标的过程是个体参与者交互的结果…… 组织知识基础以及惯例在战略、研发、产品或过程发展等对创新活动至关重要…… 非正式学习团队是信息交换和知识共享的关键途径…… 组织技术生态位和在市场影响力决定学习资源 就算有很多的新机会也不一定能够充分识别和开发 缺少懂的专业人员 通过岗位轮换进行跨专业学习	断的演化…… 组织能力决定学习资源多寡 专业人士缺失造成不必要的浪费			

3.3.2 主轴译码

主轴译码阶段的主要任务是理清概念、范畴之间的各种关系，诸如因果关系、语义关系、情景关系、相似关系、差异关系、对等关系、类别关系、结构关系、功能关系、过程关系、策略关系。联系的建立是得出最终结论必要前提。研究通过开放式译码共萃取出117个正式概念，并在此基础上得到了37个范畴。然而，范畴包含的意义较为凌乱，难以明晰范畴之间的关系。因此，研究借助典范模型工具来分析"现象、因果/中介条件、脉络、行动/互动策略和结果"，凭此将各范畴联系起来，深入挖掘个范畴之间的相关关系，细分主范畴与副范畴，最终将访谈资料重新组合在一起。典型模型的六个主要方面用以引导对范畴的整理和分析，通过将每一个范畴安排至典范模型六个不同的位置，位置体现了关系。本书将概念置于开放式创新情境，针对合作创新实践整理出组织惯性主范畴和副范畴（Corbin & Strauss，1990）。通过典范模型整合和明晰化37个范畴，共得到4个主范畴，分别是思维惯性、惯例惯性、资源惯性和学习惯性。在编码过程中，邀请组织行为和组织创新研究领域的2名博士生共同对概念和范畴进行整理，保障了科学性和可靠性。

（1）主范畴一思维惯性（见表3－5、图3－2）

表3－5　主范畴一的典范模型

<table>
<tr><th>因果条件</th><th>现象</th></tr>
<tr><td>AA1：思维定势
AA2：认知增持</td><td>思维惯性</td></tr>
<tr><th>因果条件的性质</th><th>主范畴一的特征面向</th></tr>
<tr><td>依靠思维定势，导致组织思维惯性</td><td rowspan="2">思维惯性强弱</td></tr>
<tr><td>认知框架导致路径依赖，禁锢发散性的思维</td></tr>
<tr><th colspan="2">主范畴一的行动脉络</th></tr>
<tr><td colspan="2">习得性反应、意识惯性、组织惯性和经验导致思维惯性；而认知路径、认知地图、认知理念等认知角度从认知增持角度导致思维路径依赖</td></tr>
</table>

续表

中介作用	互动策略
AA3：消极情绪 AA4：抗拒行为 AA5：心智模式	AA6：认知交互 AA7：自省行为 AA8：组织环境 AA9：调整方式
结果	
组织以及内部个体的思维惯性是组织惯性的重要组成部分	

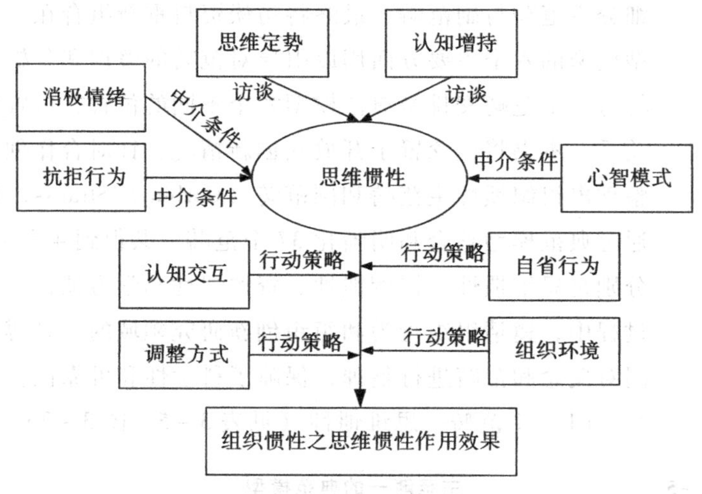

图 3-2 主范畴一的证据链

变化通常影响到员工生产生活的每一个细节，打破当前生活状态的平衡引起消极情绪，如 A8 压力、A9 恐惧、A10 愤怒、A11 失落；未经过有效疏通和缓解的消极情绪进一步发酵和酝酿，造成员工更激烈的肢体和行为的反应，如 A13 抵触、A14 抱怨、A15 对抗、A16 退化心理、A17 过激行为；

包括 A18 威胁感知、A19 情商、A20 质疑精神、A21 期望、A22 洞察力等在内的心智模式是组织环体验感知和理解的框架，影响人们对事情的理解。A23 对话、A24 学习、

A25 头脑风暴、A26 员工参与等认知过程，通过认知交互进行数据寻找和收集，加上 A27 反省、A28 投入、A29 用心等自省活动，弱化思维定势，消除行为知识导致的固定路径认知模式对思维定势的侵害；组织应构建积极向上的环境，通过营造 A30 组织文化、A31 信任环境、A32 开放环境、A33 遏制消极情绪、A34 员工间关系、A35 危机意识，鼓励打破思维惯性；此外，进行思维惯性弱化过程中，计划不周全导致蛮横执行，为组织调整活动如 A36 机会识别、A37 科学筹划、A38 结构调整、A39 难易程度、A40 反应时间提出要求。

（2）主范畴二惯例惯性（见表 3－6、图 3－3）

表 3－6　主范畴二的典范模型

<table>
<tr><th>因果条件</th><th>现象</th></tr>
<tr><td>AA9：组织惯例
AA10：生命周期
AA11：组织结构
AA12：组织文化</td><td>惯例惯性</td></tr>
<tr><th>因果条件的性质</th><th>主范畴二的特征面向</th></tr>
<tr><td>惯例呈现默会性和静态性，难以短时间改变</td><td rowspan="4">惯例惯性强弱</td></tr>
<tr><td>成熟企业直接采用惯例活动降低成本曲线</td></tr>
<tr><td>冗余的结构耗损巨大的资源</td></tr>
<tr><td>盛行的价值取向决定组织活动</td></tr>
<tr><th colspan="2">主范畴二的行动脉络</th></tr>
<tr><td colspan="2">组织不再改变行动，各方力量保持相对稳定，组织不再学习和发展新能力，单纯沿用既有能力的一种状态</td></tr>
<tr><th>中介作用</th><th>互动策略</th></tr>
<tr><td>AA13：组织合理性</td><td rowspan="3">AA16：组织学习
AA17：组织创新</td></tr>
<tr><td>AA14：外部环境</td></tr>
<tr><td>AA15：组织资源</td></tr>
<tr><th colspan="2">结果</th></tr>
<tr><td colspan="2">组织以及内部个体的惯例惯性是组织惯性的重要组成部分</td></tr>
</table>

组织合理性A51稳定性、A52可靠性、A53问责性的追求使得组织对外部环境的变化反应相对迟钝，除此之外个体和团队执行和意识中的惯性可能是静态外部环境的结果，A54市场条件、A55市场地位、A56机遇、A57挑战影响着组织韧性和适应力，组织资源A58组织资源和A59社会资本决定组织吸收能力，影响组织就有价值的外部资源识别、吸收和利用。此情况下的企业只能透过创新和学习营造组织能力。组织能力是企业不断学习和更新换代的结果，通过A60学习、A61能力升级、A62搜索和重组、A63多样性构建以及组织创新A64创新加大企业学习和培养新能力的投入。

（3）主范畴三资源惯性（见表3－7、图3－4）

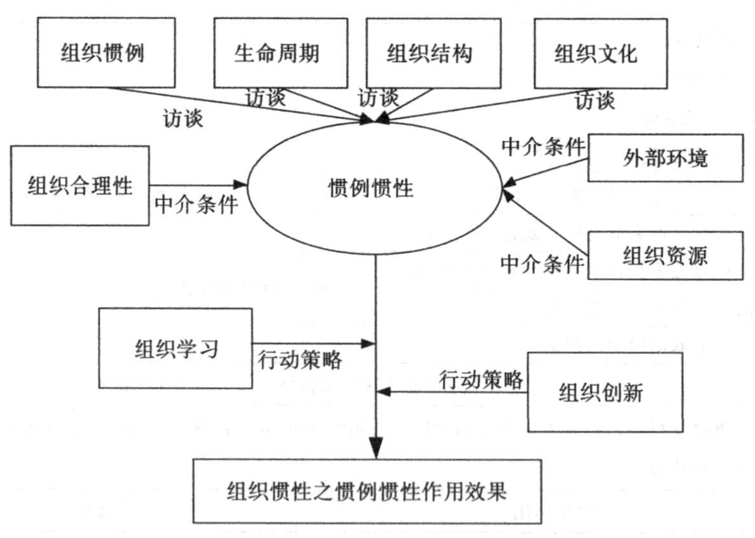

图3－3 主范畴二的证据链

表3－7　主范畴三的典范模型

<table>
<tr><th>因果条件</th><th>现象</th></tr>
<tr><td>AA19：静态资源观
AA20：资源配置
AA21：资源获取</td><td>资源惯性</td></tr>
<tr><th>因果条件的性质</th><th>主范畴三的特征面向</th></tr>
<tr><td>静态资源观忽视市场动态性以及组织演化过程</td><td rowspan="3">资源惯性强弱</td></tr>
<tr><td>资本投入、专有技能以及知识影响资源活动</td></tr>
<tr><td>资源获取是企业战略构建的重要途径</td></tr>
<tr><th colspan="2">主范畴三的行动脉络</th></tr>
<tr><td colspan="2">资源观、资源获取以及知识配置等活动影响资源重组、利用和再造等过程</td></tr>
<tr><th>中介作用</th><th>互动策略</th></tr>
<tr><td>AA22：专业化</td><td rowspan="5">AA27：研发活动
AA28：组织绩效</td></tr>
<tr><td>AA23：认知能力</td></tr>
<tr><td>AA24：潜在风险</td></tr>
<tr><td>AA25：企业间关系</td></tr>
<tr><td>AA26：行业变革</td></tr>
<tr><th colspan="2">结果</th></tr>
<tr><td colspan="2">组织以及内部个体的资源惯性是组织惯性的重要组成部分</td></tr>
</table>

组织具备的资源和能力是构成组织专有功能或业务优势脊柱骨架，其余有形资产、无形资产、技术、资金和人力资本是依附于骨架之上的血肉。专业化 A69 共同专业化、A70 互补专业化等价值的生产需要和其他资产的结合利用才能发挥；认知能力 A71 制度化、A72 认知结构等造成资源活动的认知锁定；潜在风险 A73 风险、A74 利益、A75 资金、A76 挫折、A77 绩效、A78 市场地位、A79 竞食效应和 A80 企业间关系等考量，组织宁愿坚持当前资源活动；行业变革 A81 资本市场、A82 消费者喜好、A83 技术更新、A84 行业变革、A85 新公司上位迫使组织跳出当前资源活动领域，寻

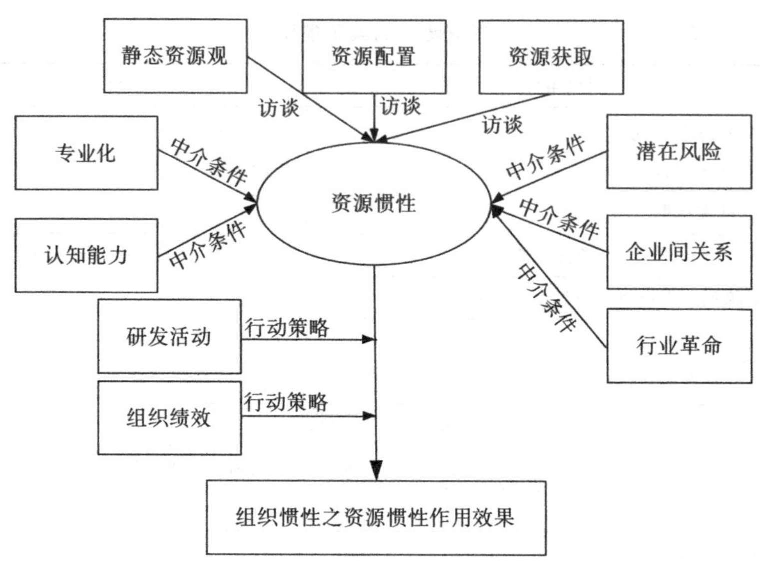

图 3－4　主范畴三的证据链

找新的机会。资源惯性影响组织研发活动 A86 研发提升、A87 技术开发、A88 技术转移、A89 新市场开发，和组织绩效，导致 A90 技术相似、A91 产品雷同。

（4）主范畴四学习惯性（见表 3－8、图 3－5）

表 3－8　主范畴四的典范模型

因果条件	现象
AA29：学习承诺 AA30：外部网络 AA31：内部网络	学习惯性
因果条件的性质	主范畴四的特征面向
学习承诺与开放和接受性的意识相悖 组织层面知识的扩展和整合 跨学科学习的支撑	学习惯性的强弱

续表

主范畴四的行动脉络	
学习短视和刚性以及学习硬件设施影响到学习活动	
中介作用	互动策略
AA32：非正式团队	AA35：员工成长
AA33：跨功能团队	AA36：组织成长
AA34：知识活动	AA37：组织创新
结果	
组织以及内部个体的学习惯性是组织惯性的重要组成部分	

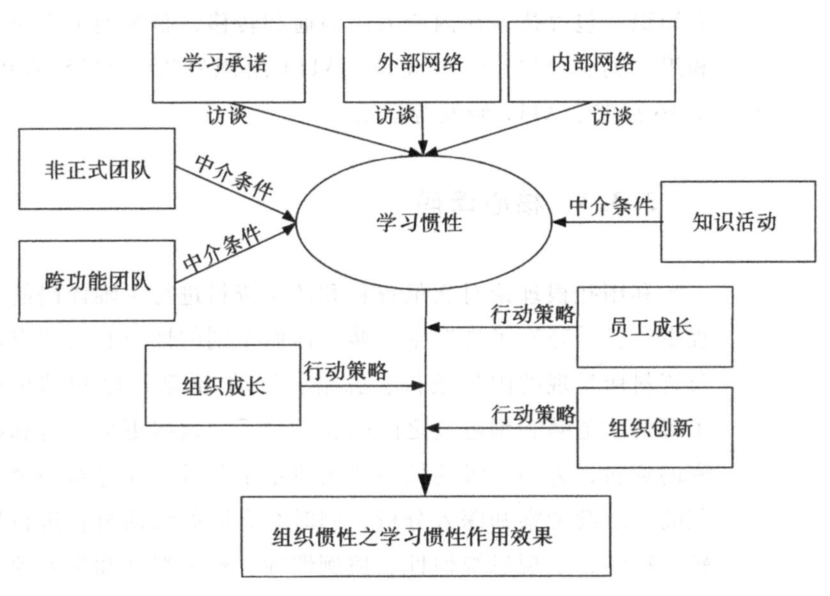

图3－5　主范畴四的证据链

组织强调学习机会的投资以构建动态能力，经验获取、良好的绩效监督系统以及绩效水平不满意的时候通过加强学习活动提升和整改组织能力。AA32 非正式团队和 AA33 跨功能团队为员工学习创造条件，强调非正式团体以及职位转换提升知识的流动，制造新的机会为员工学习创造新的条件，此外知识本身以及交互、整合的机制构成组织的知识基础知识基础以及惯例在战略、研发、产品或过程发展等对创新活动至关重要过程的影响，强调组织知识活动的功能 A103 知识获取、A104 知识吸收、A105 知识同化、A106 知识组合、A107 知识散布、A108 知识利用；组织学习伴随着员工成长，A109 个体发展、A110 培训、A111 招聘、A112 职业激励，知识的发展以及为实现特定目标专业员工的交互以实现知识的整合，依据组织目标，构建并普及共同愿景，实现组织任务达成与员工自身发展相协调；惯性影响组织内部知识和包含技术在内能力的沟通和转移，影响到组织成长和组织创新 A113 组织成长、A114 组织发展、A115 创新、A116 战略、A117 研发等活动。

3.3.3 核心译码

利用扎根理论对文献资料和访谈资料进行主轴译码的过程中，已经开发了许多主范畴，他们个别的性质和关注点以及资料所呈现的因果条件、脉络、行动/活动策略和结果所了解的主范畴和副范畴之间的相互关系。这些更加丰富和稠密的资料，为第三级的核心译码奠定了基础。通过对四个主范畴的继续考察和深入分析，同时结合原始访谈材料进行比较和提问，发现思维惯性、惯例惯性、资源惯性和学习惯性这四个范畴来分析和概括其他大多数范畴和概念。四个范畴在组织惯性中均具有重要作用，缺一不可，于是本书将四个范畴均定义为核心范畴。进一步分析核心范畴和主范畴之间的关联，可确定核心范畴形成的证据链，如图 3-6 所示。

本书通过撰写故事线（storyline）阐述核心范畴并整合涌现的各个范畴。具体地：①梳理扎根过程资料的内在故事线；②刻画对比主范畴、副范畴以及属性与维度；③循环检

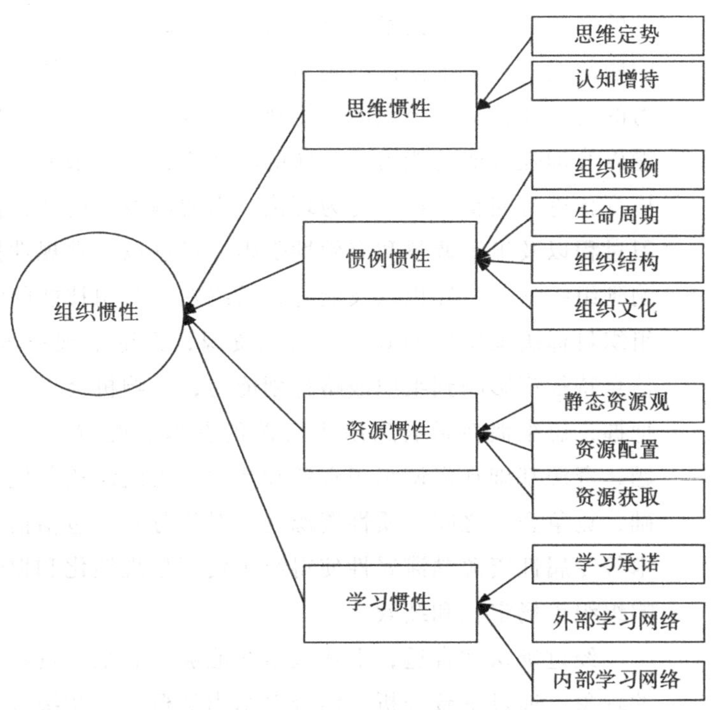

图3-6　组织惯性体系结构

验初步构建的假设，完善与补充概念与范畴；④基于编码资料审慎识别核心概念与范畴；⑤构建核心范畴与其他范畴构建关联（涂辉文，2010）。

为了探究资料和概念所代表的真正含义，本书将勾勒出一个可以扼要说明这个现象的核心，也就是研究扎根理论形成的故事线。经过回溯本书围绕该核心范畴的故事线可以概括为：个体头脑拥有心智模式，组织则包含共享心智模式。基于现有认知框架，如图式、框架、心智模式、认知地图，参与者可以仅付出较少的努力即可处理大量的信息。然而，常规性活动降低参与者的主动思考能力。首当其冲的是对组织惯例和学习的影响，惯例在本书中体现的是组织对既有技术的升级、对成熟技术进行升级以及提高现有方案解决顾客问题的能力。思维惯性影响组织内部知识和包含技术在内能力的沟通和转移，组织能力短缺以及匹配性影响组织提升技能以及加强效能的能力。欠缺的心智模式以及未能对外部环境变化进行完整解释的行为理论，引起洞察力惰性，使得学习过程以及组织调整和有效性受阻。机制以及常规性控制影响到组织学习、知识以及能力，最终左右知识技能的管理对组织目标决策制定的效果。组织资源，无论呈现技术特征、信息特征都影响到组织战略计划能力，影响机会识别和机会把握，思维惯性影响到组织资源的获取、配置和转移等问题，资源基础观强调组织资源和能力作为组织竞争优势的基础，竞争企业之间异质性资源的不对称分布，包括信息、技术等专属性资源黏滞属性使得组织资源呈现僵化和惯性，影响组织市场定位和绩效。

经过确认和合适，上述故事线能够代表全部资料所呈现的现象。通过细致分析，结合总结出的概念、初级范畴、次要范畴和主要范畴，在对资料和编码进行反复比计较的基础上，构建出一个组织惯性体系机构（见图 3－6），该系统包括：思维惯性、惯例惯性、资源惯性和学习惯性。

其中思维惯性源自认知过程，包含认知结构、感知和释义等和活动的僵化；惯例惯性是配置资产对的业务流程，涉及在资产适应、整合以及重新配置以响应不断变化的外部环境的乏力；资源惯性是忽视市场动态性，由于资源承诺导致的沉没成本，拖延组织策略调整以及组织演化进程；学习惯性是倾向于以往知识经验解决问题的状态。

透过对文献和访谈资料进一步整理和分析，整理出核心范畴与其他概念、范畴体系的假设性关系，并形成了可以验证核心范畴路径的证据链，如图 3－7 所示。

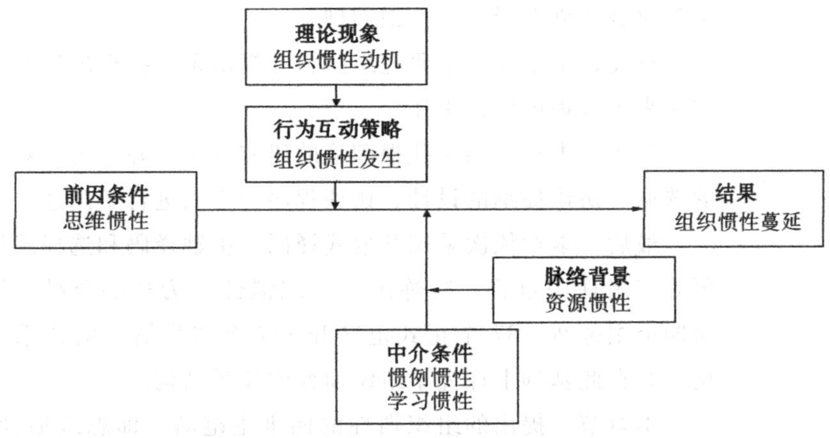

图3-7 核心范畴形成的证据链

3.3.4 理论饱和度检验

理论饱和度检验是指研究人员无法获取额外有价值的信息，使扎根研究进一步发展处新的范畴和状态，是决定停止采样点标准。研究将经过编码的访谈数据进行随机抽取，没有发现新的范畴，理论饱和度检验通过。

3.4 本章小结

本章运用扎根理论对组织惯性维度的划分进行了质性研究。基于 Meta 研究在扎根理论各个过程保持了独立性、开放性、协同性和建设性，持续汇整合和加工多途径获取的资料，加深创新驱动战略情境下，组织惯性表现以及组织惯性干预对合作创新影响的认识和理解。

首先，本章介绍了研究思路，并提出采用扎根理论研究方法来进行理论构建工作。

其次，本章介绍了扎根理论的研究方法，并对访谈对象的选取、访谈提纲的设计、访谈程序等方面进行了阐述。

最后，本章依次采用开放式译码、主轴译码和选择式译码等三级译码过程，凝炼出“组织惯性”为核心范畴、涵盖四个主范畴、37 个正式范畴和 117 个初步概念的体系结构，并在此基础上探究了组织惯性的体系结构。

本章节所提出的组织惯性的四维主范畴，即思维惯性、惯例惯性、学习惯性和资源惯性是后续研究的基础。本书的后续章节将以此四维结构为切入点，选择主范畴中的核心概念进一步的实证分析。

第 4 章
理论分析与研究假设

组织惯性突破过程关键性地依赖干预事件。干预事件可能来自组织内部，如通过大规模研发引入新的技术范式，拥抱开放式创新；也可能来自组织外部，如能源、材料、信息、农业、海洋、空间、重大基础前沿与交叉等创新领域机会窗口多点群发，组织机会识别、运营能力、投资能力以及资产互补能力挑战组织惯性。因此，在干预事件作用下组织打破思维、学习、资源和惯例惯性实现重构进而建立起全新的行为范式和能力[40]。

资源获取、降低风险、提升合法性以及实现共同目标驱动组织构建合作关系挖掘资本流动性增强、科研机构能力和质量提高、风险投资迅猛兴起以及经济全球化的价值。Chassang（2010）针对组织惯性形成过程的研究发现合作是驱动组织惯更新的机制[156]。Polanyi 在《大转型》（1994）著作中强调社会塑造经济的作用[157]，合作关系缔结关乎物质体验、认知以及感受的调整，并且呈现创新效应使组织脱离传统的认知、文化、政治特征以及社会关系结构，也是组织认知和行动逻辑从产生分歧到消除分歧的过程[116]。因此，组织与创新利益相关者的互动行为赋予组织探索创新渠道、快速资源整合方式降低组织惯性的理论空间[158]。

Uhlaner和Andre等（2013）提出员工参与更新活动是员工参与观念衍生或产品和流程研发，他们从微观个体将员工参与视作内部成长以及分享的能力[159]。沿袭这一概念内涵，笔者认为开放式创新情境组织参与是组织拥抱合作创新实现观念衍生或产品和流程研发。资源活动和惯例流程调用与参与者规则、兴趣和活动交互相关[58]，组织学习理论为组织知识的孕育和发展提供丰富的视角。通过学习获取技能、开拓眼界和提升竞争力，员工蜕变为优秀的难题解决者，更富有创新和创造力的思想者，更专业和自信的活动者[118,160—162]。合作意愿是组织对通过合作获取内部欠缺的资源并在此基础上实现资源和能力的开发、深化和加强的期望。通过便捷高效获取制造、营销、财政和其他互补资源解决一体化和资源稀缺的难题，实现技术、资源的商品化转换[163,164]。本书通过组织学习和合作意愿刻画组织通过合作创新实现观念衍生或产品和流程研发。

开放式创新背景下衍生共生性的潜在知识以及资源是组织合作的前提。组织合作维持的三大要素：互补、承诺和兼容。学者基于知识基础观和网络理论强调开放式创新是组织构建的旨在知识交互和商业化的网络，系统性地对跨越组织边界的知识流动进行管理和价值创造的过程[165]。本书将基于知识基础观从匹配角度讨论组织间合作伙伴选择问题，并且着重探讨伙伴基础知识和专业知识降低组织惯性以及提升合作创新绩效。

以往的文献研究将重点放在了领导企业和大型企业间合作的前期治理层面[166]，制定详细的合同条款、协调成本以及时间耗费[166]，而组织间合作成功率仅仅维持在40%[167,168]。相对于封闭式创新，开放式创新关注焦点从资源占有和控制转向资源获取和重新配置，合作效果、公正和适应性的实时感知影响彼此的决策和步骤。社会过程视角将信任和互惠作为合作治理手段，频繁的沟通、高效的信息处理以及统筹各子任务的衔接规范统筹效率与灵活、稳定性与适应性的关系同时，规范和协调合作企业的交易以及合作行为，并决定合作绩效[169]。

本章在第3章研究结果之上，提出了一个组织开放式创新合作机制互动与状态转换为核心的组织惯性干预过程模型，探索组织参与、参与双方匹配性以及合作创新过程因素对合作创新绩效的影响路径和机理。组织参与包含组织合作意愿和组织学习两个变量[170]，参与双方匹配包含基础知识关联和专业知识差异两个变量，合作过程包含贡献一致和沟通两个变量，合作创新结果包含创新绩效和合作有效性两个变量，提出相应的研究假设（见图4－1）。

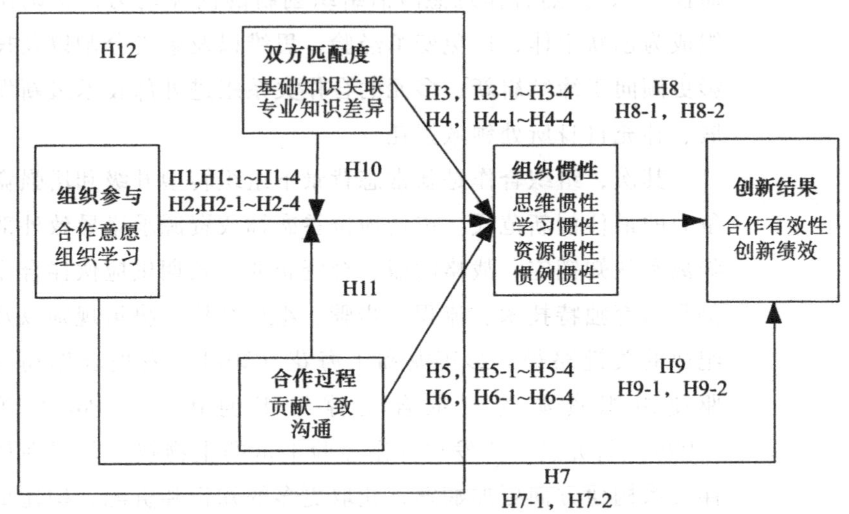

图4－1　本书的实证模型

4.1 组织参与对组织惯性的影响

4.1.1 合作意愿对组织惯性的影响

强烈合作意愿的组织更加有决心和条件跳出常规路径打破组织僵化、解决组织运行效率低下以及实现蜕变潜在的可能。

首先，组织合作呈现相当大的复杂性和模糊性，适应性成本和合法性成本使得组织偏好传统策略或青睐较低风险策略，如 Carroll 和 Hannan（2000）强调核心能力变革具有致命性[171]，强烈合作意愿激活组织创新的内在动力，推动组织成为创新主体，避免变革经验、思维以及感受分割以及投影更倾向于缔结崭新、多元的合作关系跟进外部技术最新发展、补充自身所处领域损耗。

其次，组织合作是新常态背景下组织转型升级和增强竞争力的最佳创新范式。市场地位眷恋抑或资源承诺导致外部隔离和认知锁定，战略联盟、合资企业、长期供应伙伴合作仍是培育独特技术、流程、步骤、组织结构、决策规则以及纪律的关键路径，彭正龙和王海花（2011）发现合作动机驱使组织资源搜索耦合支撑组织创新[172]，Powell 等（1996）研究进一步发现合作经验丰富的生物技术公司在伙伴关系构建方面更加娴熟，获取更多的知识和资源，构建更多的伙伴关系组合并在网络中保持中心位置[173]。

最后，组织惯性干预在经历者看来是坏分子（Bad Individuals）的一场叛乱，应该抵制甚至摧毁其能力和技能[30]，规模效应和范围经济有效对冲干预风险，如外包部分价值链和组织非核心功能达成战略目标，有效降低强烈的反击、积极抵抗、消极怠工甚至过分的依赖领导和他人的照拂。基于此，作出如下假设：

H1：组织合作意愿显著负向影响组织惯性，具体如下：

H1－1：组织合作意愿显著负向影响组织思维惯性；

H1－2：组织合作意愿显著负向影响组织学习惯性；

H1－3：组织合作意愿显著负向影响组织资源惯性；

H1－4：组织合作意愿显著负向影响组织惯例惯性。

4.1.2　组织学习对组织惯性的影响

组织学习是从组织内外获取、创造、散播、分享和整合新知识的过程[174]，有效地降低组织惯性。首先，组织学习识别机会窗口或深度挖掘知识价值[175]，继而唤醒组织惯性识别（identification）、编译（translation）、调整（adoption）和维系（continuation）实现组织惯性更迭[51]。Hanna 和 Gulatid 等（1998）发现，联盟构建和专家招募获取互补性知识有效缩短创新或研发时间，该过程以新技术学习和运用为基础[176]。Levinthal 和 March（1993），Maskell 等（2007）从相反的角度验证短视学习难以吸收远距离知识（distal knowledge）[37,177]。

其次，组织学习不仅是知识组织间流通的过程，也是创造共生性知识资源[16]、构建持续竞争力[174]、寻求突破[16]、达成内隐战略目标[178]的重要途径，有效地弥散组织惯性。Gresov（1993）认为，组织惯性是组织拒绝学习和发展新能力，单纯沿用既有能力的状态[20]。组织学习影响资产、能力、组织流程、信息和知识等高效实现组织战略的资源的获取和配置，赵杨和刘延平等（2009）发现学习能力影响组织收获反馈、反省活动、知识获取和技能获取，最终影响到组织绩效的改变和提升[179]。Stadler 等（2013）发现组织学习和技术创新进行组织调整和组织设计应对双元困境[180]。基于此，作出如下假设：

H2：组织学习显著负向影响组织惯性，具体如下：

H2-1：组织学习显著负向影响组织思维惯性；

H2-2：组织学习显著负向影响组织学习惯性；

H2-3：组织学习显著负向影响组织资源惯性；

H2-4：组织学习显著负向影响组织惯例惯性。

4.2 双方匹配因素对组织惯性的影响

4.2.1 基础知识关联性对组织惯性的影响

组织基础知识是组织拥有知识元素的集合以及该元素有关联知识领域的关系[17]，开放式创新情境各参与主体基础知识关联性有效地打破组织惯性。

首先，异质资源识别、消化和开发干预组织惯性效果依赖于基础知识[161]，分散且无序的资源以不同形式遍布组织载体，资源难以直接利用，Argote 和 Miron-Spektor（2011）发现资源尤其是知识资源的模糊和不可证性影响组织惯性的消散[181]。基础知识关联性较高的知识交互和吸收提供多种问题突破的途径，弱化组织先前知识对创新思考范式导致的认知锁定。Khanna 和 Gulatid 等（1998）发现基于基础知识挖掘和扩展互补性技术价值是技术创新和变革的基础[176]。

其次，各参与方基础知识关联助于组织对外部有价值资源精准搜索和识别、资源的理解和深度利用。Cohen 和 Levinthal（1990）发现，认知交互、知识转移和资源流通的过程受到知识特性、知识交互双方和环境变量的影响[182]。基础知识关联使得组织轻易锁定异质性资源目标，降低搜索成、改善资源整合和运营协同。

最后，能力延伸体现在已经具备创新经验的领域提升技能，加强现有创新活动效能[183]，Plewa 等（2013）发现聘请知识距离相对较近的专家或合作伙伴的联盟沿用相对成熟的标准化惯例和成功经验[175]。深度开发现有知识基础，在具备创新经验的领域提升技能，同样有效化解规则、条例、流程、步骤以及在营销和分配环节等内容以及方法惯性对组织的约束。基于此，作出如下假设：

H3：双方基础知识关联显著负向影响组织惯性，具体如下：

H3－1：双方基础知识关联显著负向影响组织思维惯性；

H3－2：双方基础知识关联显著负向影响组织学习惯性；

H3－3：双方基础知识关联显著负向影响组织资源惯性；

H3－4：双方基础知识关联显著负向影响组织惯例惯性。

4.2.2 专业知识差异性对组织惯性的影响

专业知识的差异性有效地打破组织惯性。首先，专业性知识差异是保障组织跳出以往活动路径和轨迹的重要因素。同质化知识引起知识锁定（lock - in）和能力陷阱阻碍创新范式和轨迹的转变，Alavi 和 Leidner（2001）发现深层基础知识高度雷同增加认知锁定的可能[184]。而广博、深邃和多样的互补性知识助益成员间深度沟通和价值交换，避免失效组织战略、运营逻辑和组织能力陷阱循环使用[185]。

其次，专业知识差异支撑组织在已经具备创新经验的领域提升技能，加强现有创新活动效能，或者构建全新创新管理和技能或在“蓝海”领域提升技能[27]。宣烨等（2011）跟踪加工配套企业升级的研究发现本土配套企业或跟随发包企业被动打破组织惯性，优化生产技术水平或精进生产工艺；或自主干预组织惯性，延伸与扩展组织业务功能，基于加工制造向设计、营销等环节多点跃迁。因此，作出如下假设：

H4：双方专业知识差异显著负向影响组织惯性，具体如下：

H4 - 1：双方专业知识差异显著负向影响组织思维惯性；

H4 - 2：双方专业知识差异显著负向影响组织学习惯性；

H4 - 3：双方专业知识差异显著负向影响组织资源惯性；

H4 - 4：双方专业知识差异显著负向影响组织惯例惯性。

4.3 合作过程因素对组织惯性影响

4.3.1 贡献一致对组织惯性的影响

组织间合作创新过程成员贡献一致是指所有成员对共同目标的全身心投入，成员间工作彼此支持的状态[186]，也是降低组织惯性的前提。首先，合作的最主要的战略意义是资源的转移和资源池的构建，涉及资产的转移，关键设备、智力资本以及员工的共享和组织知识的传递等活动[187]。Carayannis 等（2000）认为，贡献失衡是招致冲突以及合作承诺不足的肇因，降低贡献不足一方投入资源的价值判断[188]，遑论吸收和利用降低组织惯性。

其次，参与主体基于互补、兼容和公平等原则选择合作伙伴，而能力不对称导致的贡献失衡是冲突和合作承诺不足的来源[188]，Arino 和 DeLa（1998）研究发现，各参与组织对合作项目的投入和贡献相对均衡是保证组织合作基础稳固和绩效满意的重要条件[189]。Sahut 等（2014）研究发现由单个企业统领的组织间创新活动降低成果的创新性和创造性[190]，原因可能在于经济活动与交易行为某种程度遵守“领袖的铁律”（the iron law of fields）[191]。Yang 等（2013）研究发现，不对称联盟讨价还价的能力较为悬殊，大企业的支配、态度以及控制类型唤醒中小企业结构和心理压力，无奈地修补和粉饰传统技术范式和路径[164]，未能通过知识和资源交换和融合冲击组织惯性。

最后，组织间合作以资源互补、规模匹配、政策和管理机制兼容等任务导向基础，同时仰仗信赖、沟通和承诺等关系导向保障合作过程[192]。信息不对称、投机行为、关系冲突和关系嵌套等状况频发导致信任危机以及交易成本攀升，甚至加剧“开放式创新悖论”。贡献一致是实时观察参与主体功利性活动和打消有价值资源输出后依附力及影响力下降担忧的重要途径[192]。合作创新过程个参与主体相对均衡贡献降低开放式创新负面效果，实现创新资源价值开发、创新资源应用范围扩展以及高效学习，快速响应市场并且研判未来趋势干预组织惯性。基于此，作出如下假设：

H5：组织间贡献一致显著负向影响组织惯性，具体如下：

H5－1：组织间贡献一致显著负向影响思维惯性；

H5－2：组织间贡献一致显著负向影响学习惯性；

H5－3：组织间贡献一致显著负向影响资源惯性；

H5－4：组织间贡献一致显著负向影响惯例惯性。

4.3.2 组织间沟通对组织惯性的影响

组织合作创新频繁、高质量的沟通是降低组织惯性的重要途径。首先，交互双方通过周期性对话获取、整合和分享信息、智慧、思想、眼界和经验，弱化“想当然”心理和假设。组织学习是新知识创造的前提，沟通则显著促进跨边界知识的传输[16,193]。解释理论（explanatory theories）建议凭借多方资料来源和诠释甄别问题复杂性、不确定性和模糊性，沟通承载的思维、知识、资源和惯例激荡和碰撞消除行为和认知惯性的毒害[194]。反之有限的社会交互、非功能性冲突、政治操弄以及合作承诺的降低使得各参与方专注核心能力和关键资源的保护[195]，迟钝地响应环境、市场或内部驱动的变革。

其次，频繁的沟通改善合作行为、优化合作体系并提升适应性，凭此打破组织惯性快速构建先行者优势响应新市场。组织间合作目标的达成需要即时和密集的沟通达成共同认知。Chow 和 Chan（2008）研究发现合作的深入涉及的知识越来越深奥，需要成员及时沟通驱散不确定性和复杂性[196]。此外，组织间合作背景下的成员连通性降低社会性懈怠和“搭便车”行为，得益于异质性资源的组织更开放地回馈善意。余维臻和余克艰（2018）发现高密度的交互活动是唤醒创新协同效应的前提[185]。

最后，组织惯性伴随长期关系断裂、新技能学习和高绩效期望，而沟通有效地降低组织惯性突破伴随的恐惧。沟通加强参与主体认同感，提高全身心投入时间和精力。Friedman（2003）采取支持方和反对方等角色扮演躲避威胁和不安的防御性惯例[197]。不仅如此，Van 和 Gijselaers（2006）发现沟通和知识交互过程中的自我揭露现象，满足不同专业领域和组织机构对其创新能力高度信心和期待[198]。基于此，作出如下假设：

H6：组织间沟通显著负向影响组织惯性，具体如下：

H6－1：组织间沟通显著负向影响思维惯性；

H6－2：组织间沟通显著负向影响学习惯性；

H6－3：组织间沟通显著负向影响资源惯性；

H6－4：组织间沟通显著负向影响惯例惯性。

4.4 组织参与对合作创新绩效影响

开放式性创新不局限于得益于创新的实践，同样需要组织以开放的姿态拥抱多元的开放式创新实践，各个主体参与程度和投入决定合作创新过程和最终效果。

首先，外部环境挑战以及情境的警觉（awarness）决定组织适应变革以及高效地响应未来趋势过程管理逻辑一致和效能。“与主流企业的链接，根据实际需要松散或密集的链接、无止境的探索过程、必备技术和人才开发”是创新构成要素[199]。创新资源跨越边界自由流通加快创新速度、降低成本并且提高收益，如 Dyer 和 Singh（1998）发现多元外部知识有效地缩短新产品研发速度，并且规避研发过程失误有效地降低新产品开发的风险[163]。Tao 和 Magnotta（2006）基于识别与促进（identify and accerlerate）诠释组织与供应链伙伴合作获取宝贵资源开拓市场[200]。

其次，组织拥抱开放式创新是组织通过合作获取资源和技能，构建专属竞争能力的首要前提条件[201]，更准确地研判市场趋势，引入新知识和观点，识别新技术和市场，开拓崭新领域。Elmquist 等（2009）强调合作或聚合是组织吸收外部知识丰富自身知识库的重要途径[202]。保洁“联合与发展”推到组织围墙，与非宝洁员工构建群体智慧以满足消费者需求进行创新并通过互联网将创新在全世界实现最优配置。不仅如此，组织通过业务剥离、互补资产出售与赠与将内部创意、知识和技术逆向输出实现商业化[203]。基于此，

作出如下假设：

H7：组织参与显著正向影响合作结果，具体如下：

H7－1：组织参与正向影响合作创新绩效；

H7－2：组织参与正向影响合作有效性。

4.5 组织惯性对合作创新绩效影响

合作创新成为新常态背景下组织转型升级和增强竞争力的重要途径，但是组织惯性是组织各方力量保持相对稳定的状态[204]，导致组织惰性、组织僵化和思维定势（mindlessness），阻碍组织通过合作持续优化产品、丰富产品种类以及调整产品组合，或调整生产工艺、改良生产流程高性价比开发产品。

首先，思维方式、学习范式、资源编排和惯例活动难以匹配新环境和新问题的要求[205,206]。组织变革研究发现地位的丧失和未知的恐惧导致心理和行为惯性，甚至初期拥抱变革和创新的员工一旦触及自身利益也开始反向倒戈，将组织圈禁在固化的思维方式和行为范式之中[207]。Teece（2000）创造性提出门框陷阱（framing biases）刻画层层关联的标准程序、现有能力、补充资产和管理惯例使得决策制定偏离创新方向[208]。

此外，组织创新需要调整原材料、作业流程、工作流和信息流的走向，甚至更换仪器设备、人员重新配置以及生产和管理系统配合[209]，Verona 和 Ravasi（2003）一项针对丹麦助听器企业的研究表明，组织不断创新的基础是新技术机遇感知并在此基础上对组织结构和流程进行整改。然而，资源基础观和动态能力研究发现该过程相当具有挑战性，Argote 和 Miron - Spektor（2011）发现技术经验引起认知是锁定和能力陷阱导致组织僵化，他们规劝组织在构建资源多样性基础上，加强协调柔性冲破组织惯性约束[181]。Kaplan（2005）则整合了组织能力和组织认知视角探究组织惯性对创新活动的影响路径，研究结论表明能力陷阱和认知局限影响到组织创新活动[14]。动态能力研究则从反面支持了这一论断，如 Zott（2003）动态能力孕育和生成组织资源生态位、能力、惯例和活动，最终影响到企业产品市场定位以及绩效[144]。基于此，作出如下假设：

H8：组织惯性显著负向影响合作结果，具体如下：

H8 - 1：组织惯性显著负向影响合作创新绩效；

H8 - 2：组织惯性显著负向影响合作有效性。

4.6 组织惯性在组织参与对合作创新绩效影响的中介作用

组织积极融入开放式创新降低组织惯性消极影响，改善组织创新绩效，而组织惯性突破也是组织创新的前提，由此组织惯性可能作为中介变量影响组织参与对合作创新绩效的影响。

经济环境对组织提出了更为苛责的要求，柔性的工作地点和时间，还包括劳力型向智力型工作转换、惯例型工作向创新型工作转变等动态能力的构建[209]。但层层相扣的标准程序、能力陷阱、补充资产以及管理活动引起决策制定偏离创新方向，程序依赖症（program persistence bias）最终导致反创新症状（anti - cannibalization）[210]。Hon（2011）发现抗拒变革影响到员工创效力的发挥，包含领导模式、组织氛围在内的环境变量驱使员工拥抱变革效果甚微，甚至教条守旧的员工“表演性”地积极投身组织惯性干预活动[84]。

组织融入开放式创新通过协作学习和适应性惯例（adaptation routines）修正并构建管理与组织流程、专用性资产和发展路径。捕获顾客以及竞争者的意图和行为唤醒管理者自身行为以及发展新能力的思考，Dacin等（1999）强调组织脱离既定认知、文化、政治特征以及社会关系结构是组织主观推动的结果，并且组织惯性的干预关乎物质体验、认知以及领悟等内容的改观，具有创新效应[211]。无独有偶，王永伟、马洁等（2012）发现组织学习倾向对组织惯例创新具有正向影响[212]。数字化转型研究发现中小企业通过数字化赋能实现弯道超越，结构赋能打破传统结构和流程，分解、整合以及去中心化传统紧密耦合的组织结构；资源赋能大胆与原有客户资源和供应链企业决裂，提升产品研发绩效[213]。

作出假设如下：

H9：组织惯性中介组织参与对合作结果变量影响过程。

H9 - 1：组织惯性中介组织参与正向影响合作创新绩效。

H9 - 2：组织惯性中介组织参与正向影响合作有效性的过程。

4.7 组织参与和双方匹配度对组织惯性的调节效应

组织惯性优化或自我扬弃无外乎利益、认知、价值观和制度等[116]，参与主体统筹互补性资源或技术价值共创，同时可能反哺组织产品、生产流程和运营体系。

首先，各参与方匹配为隐性资本转移构建了信任场景，降低引进和转移成本促进资源和技术共享和外溢集成，Bidault 和 Fischer（1994）发现重复交易孕育共生性知识和社会关系，信任构建和交易成本削减不确定的恐惧延续长期合作意愿[214]。反之，王琳和陈志军（2020）发现能者多劳诱发权利失衡外生性依赖，组织难以争取资源权利核心位置，未能赋予自身良好环境应变能力[215]。

其次，良好的匹配度加大补充性资源的体量并扩展市场势力或超额利润的空间。组织资源观研究发现在相同研发投入的前提下，补充性资产丰富组织更充分挖掘资源价值获取较高的研发投入收益率。市场势力或超额利润蚕食效应削弱组织惯性干预的动力，匹配度良好的合作加强参与者其他领域投资的可能，支撑组织打破资源禀赋不足和资源配置惯性逐渐积累资源优势和构建控制优势。

最后，匹配维度显著增进合作参与者理解，有效地规避威胁和不安采取的防御性惯性[197]，如业务来往频繁的供应链伙伴作为旁观者帮助组织识别和解决部门间沟通、信息反馈、组织效率以及顾客满意度等问题。此外，Tsai（1998）发现微观高匹配度的个体活动逆向塑造中宏观群体行为[216]。如格力电器先进的典范管理模式是为大量合作伙伴学习的知识源泉，并且作为大厂商的格力电器责任意识将优质的管理哲学和方法传递给合作企业，凭一己之力改变了产业整体指导和管理水平。基于此，作出如下假设：

H10：组织参与和双方匹配度的调节显著负向影响组织惯性。

4.8 组织参与和合作过程对组织惯性的调节效应

组织间合作是享有相容性目标的参与主体，本着互惠互利和相互依存原则的独立组织构建的战略关系[217]。组织参与和合作过程的调节效应有效地弥散组织惯性。

首先，社会惰性理论发现参与个体投入和付出，与他们独自工作相比要少很多[218]。贡献失衡导致合作承诺降低，高贡献方甚至故意遗失重要合作细节[219]，而低贡献方则跟随高贡献方换取援助[220]。合作过程给予和接受援助、资源和知识交互、信息的表述、与他人知识共享、提供并接受反馈、挑战质疑他人成果以及实时监督其他员工的投入，最大化地发挥异质性资源价值打破自身常规性任务的框架和束缚[221]。

其次，合作过程自治的方式和平等、多元化的对话和沟通方式，帮助组织资源整合[222]、再重组[223]甚至发展和生成新能源[105]。Hoffer（2002）强调跨组织合作带宽和信息处理能力以及交互决定合作效果[193]。反之，有限社会交互、非功能性冲突以及政治操弄降低合作承诺，参与各方防范核心能力和关键资源的保护[195]，造成“三个和尚没水喝”的局面。

最后，组织融入开放式创新意愿越高，越能通过合作挖掘文化智力避免失效组织战略、运营逻辑和组织能力陷阱循环使用[16]。高质量合作过程通过协作学习和构建适应性惯例（adaptation routines）最大化地开发文化智力调整核心价值观、思想和行为过程[224]。高展军和李垣（2007）、Chassang（2010）不约而同地强调学习以及合作唤醒组织惯性更新[156,225]，王永伟等（2012）则验证了组织意志与学习意愿对组织惯性的促进[212]。基于此，作出如下假设：

H11：组织参与和合作过程的调节效应显著负向影响组织惯性。

4.9 组织参与、双方匹配度和合作过程三重交互对组织惯性的影响

互动行为质量不佳，组织和创新利益相关者高度匹配性难以保障有效地打破学习的封闭性和现有学习惯性。宣烨等（2011）发现加工配套企业从发包企业汲取缺乏的资源，并且将获取的资源与手头资源整合且系统地付诸组织运营过程，调整、扩展以及提升组织惯性[226]。但是彭新敏等（2016）发现贡献失衡以及话语权的缺失使得领先企业推动后发企业工艺升级和产品升级改善经营效率，格外地设置障碍避免其职能升级和跨链升级成为潜在竞争对手，导致嵌入悖论。具体地领先企业设置排他性采购供应关系显著地提升后发企业转换供应渠道的费用，并且实施战略隔绝机制组织

知识向后发企业溢出，后发企业通过工艺和生产流程优化生产效率实现工艺升级以及优化现有产品或引进新产品实现产品升级，避免其弥补研发或营销短板实现职能升级，或将特定产业的能力移植到“蓝海”领域的跨越价值链升级[227]。

匹配度差强人意，组织和创新利益相关者高质量互动行为也难以突破组织惯性。“产学研”研究派认为，合作伙伴目标、文化的分歧造成合作参与主体错配唤醒挖掘各参与主体资源和能力的协同效应。马文聪和叶阳平等（2018）探究“产学研”合作情境下的伙伴匹配性对合作绩效的影响机制。他们认为，目标协同性、文化相容性和创新资源/能力互补性等匹配度构成不佳，造成我国“产学研”科技成果转化率低下[228]。类似的故事还在不断重复，异质性、差异、距离和势差未能充分实现优势互补和协同增值效应，最终对并购单元进行业务剥离。

开放式情境组织间合作为组织获取新的资源、方法、学习和认知提供了新的可能，组织、创新利益相关者以及两者的互动行为赋予组织调整经营哲学与文化、优化组织架构与组织战略、转变治理机制和竞争优质的理论空间[158]。参与主体间参与度、组织间认同以及合作项目承诺唤醒原先认知和自我概念的转换（metacognitive 和 cognitive），调整自身活动的动机（motivation），对其他组织的动机和行为做出正确的理解和响应（behavioral）[224]，如借鉴模仿供应链合作伙伴典范模型。邓新明和郭雅楠（2020）的研究表明，多市场接触并作为动态竞争主动构建“相互克制”竞争格局的战略决策并未增益组织绩效，而资源相似性削弱两则之间的负向关系[73]。合作体验尚佳且匹配度较好的合作不仅促使组织调整可重复、交互化以及流程化的行为，还会提供迎合市场需求的服务和产品甚至创造市场环境变化[229]，如 Carayannis 等（2005）研究发现组织结构和文化相互调适后的企业也更加能够进行变革型创新[188]。基于此，作出如下假设：

H12：组织参与和双方匹配度、合作过程因素三维交互显著负向影响组织惯性。

4.10 本章小结

本章在文献综述的基础上提出了开放式创新情境组织惯性的综合性理论框架。该理论框架整合了组织惯性理论、组织创新理论和开放式创新理论，将开放式创新情境合作创新作为干预组织惯性的触发因素，提出了相应的研究假设，具体包含组织合作意愿、组织学习、基础知识关联、专业知识差异、贡献一致和沟通对组织思维惯性、组织学习惯性、组织资源惯性、组织惯例惯性的直接影响效果、组织参与对合作创新绩效和合作有效性的影响、组织惯性对合作创新绩效和合作有效性的影响、组织惯性在组织参与对合作创新绩效和合作有效性的中介作用、组织参与和双方匹配度的交互对组织惯性的影响、组织参与和合作过程的交互对组织惯性的影响以及组织参与、双方匹配度和合作过程三维交互对组织惯性的影响，为帮助我们更完整、系统和全面地认识组织惯性干预机制和治理机制提供基础。

第 5 章
研究设计与检验

本章在第 4 章理论分析和研究假设的基础上，完善研究设计，提出各研究变量的操作性定义，并制定最终的研究问卷，并进行相关假设的验证。第一，说明研究设计的过程，包括问卷设计，各个变量的操作性定义以及测量、数据收集以及分析的方法等；通过小样本验证性分析验证了组织惯性维度的有效性和可靠性。第二，搜集大样本调查和数据，凭借 CICT 值（Corrected Item - Total Correlation，总相关系数法）和 Cronbach 信度系数进行检验；变量之间的区分效度分析；进行相关性分析，初步探测变量间的关系，为研究假设的验证做好前期基础；运用结构方程模型、层次线性回归等方法进行假设验证。

5.1 研究设计

5.1.1 问卷设计

问卷设计包含六项原则，问卷内容必须与研究概念框架相呼应，问卷的题项必须尽量容易回答，尽量不涉及个人隐私，前序问题不会影响后序问题的回答，开放式问题和封闭式问题必须清晰确定，并且在证实调查之前应进行预测试[230]。

本书严谨遵循问卷设计和结构安排原则，通过对既有文献的回顾确定本书的量表保障与理论基础密切关联。具体地，本书参照陈永霞等（2006）建议，对资源惯性量表、学习惯性量表、思维惯性量表、惯例惯性量表、合作意愿量表、组织学习量表、基础知识关联性量表、专业知识差异性量表、贡献一致量表、沟通互动量表、合作有效性量表、合作创新绩效量表的测量题项进行修订[231]。

企业管理专业的研究生将原始量表经过两轮英汉互译之后形成初始量表，避免诱导性或倾向性的文字和表述并且尽可能地将测量题项控制在中等长度，尤其针对中英文译句加以讨论以确定合适的中文陈述，保障题项简洁明确、通俗客观以及容易理解。在此基础上，邀请3位企业管理人员、1位企业管理专业教授和2位企业管理专业博士对原始量表中有歧义、无意义或模糊的题项进行讨论与修正，从而形成研

究问卷的初稿。最后，为了避免问卷填写过程中的信息偏差，在问卷结构安排环节设置模糊测量的真实意图和干扰测量题项，避免填写问卷过程逻辑思维的干扰。围绕研究内容和研究目的，对问卷做进一步的整体完善，并以此为基础形成本书所用调查问卷（详见附录A）。

5.1.2 变量测量工具

组织员工填写的《组织员工问卷》是自我报告组织资源惯性、学习惯性、思维惯性、惯例惯性，组织合作背景下组织合作意愿、组织学习、合作组织之间基础知识关联性、专业知识差异性以及合作过程中贡献一致量表、沟通互动量表等主观认知；管理者填写的《创新负责人问卷》是针对合作有效性、合作创新绩效的评价。问卷的具体来源如下：

（1）资源惯性

本书整合Zott（2003）和何健洪等（2013）[144,232]的研究，提炼出包含3个题项（ZG1—ZG3）的量表来测量资源惯性。问卷中每个题项用一个5点likert式量表测量，即存在1—5点评价刻度1表示“完全不符合”，5表示“完全符合”。该量表具体的测量题项见表5-1。

表5-1 资源惯性变量的测量题项

序号	测量题项
ZG1	现有资源勉强支持组织变革的实施
ZG2	组织资源富有弹性，保持组织活动灵活性和动态性（r）
ZG3	组织善于发现拥有关系资源的中介者（r）

（2）学习惯性

本书整合许学国等（2012）和Gu（2013）[233,234]等的研究，提炼出包含4个题项（XG1—XG4）的量表来测量学习惯性。问卷中每个题项用一个5点likert式量表测量，即存在1—5点评价刻度1表示“完全不符合”，5表示“完全符合”。该量表具体的测量题项见表5-2。

表5-2 学习惯性变量的测量题项

序号	测量题项
XG1	组织较少为员工学习新技能和新知识提供机会
XG2	组织员工较少通过学习更新观念和行为
XG3	组织员工较少主动寻求新知识
XG4	以往知识和经验阻碍员工接受新知识

（3）思维惯性

本书整合Leonard（1992）和许学国等（2012）[34,233]等的研究，提炼出包含4个题项（SG1—SG3）的量表来测量思维惯性。问卷中每个题项用一个5点likert式量表测量，即存在1—5点评价刻度1表示“完全不符合”，5表示“完全符合”。该量表具体的测量题项见表5-3。

表5-3 思维惯性变量的测量题项

序号	测量题项
SG1	新思想和新方法需耗费长时间才能反馈到管理层
SG2	员工用新思想改变自身思维模式和行为模式（r）
SG3	员工倾向于用一种方法解决所有问题

（4）惯例惯性

本书整合Tripsas等（2000）和王永伟等（2012）[99,212]等的研究，提炼出包含4个题项（GG1—GG4）的量表来测量惯例惯性。问卷中每个题项用一个5点likert式量表测量，即存在1—5点评价刻度1表示“完全不符合”，5表示“完全符合”。该量表具体的测量题项见表5-4。

表5－4　惯例惯性变量的测量题项

序号	测量题项
GG1	企业能够定期考察和评估已有组织规范的运作效率（r）
GG2	企业能够及时地为员工提供新组织规范的培训和指导（r）
GG3	企业员工能够很快地接受并运用新的组织规范（r）
GG4	企业能够主动进行组织规范的变革以迎接内外部新的挑战（r）

（5）合作意愿

本书采用整合 Powell 等（1996）[173]、Kale 等（2000）[235]和 Zaheer（2000）[236]等的研究，综合资源获取、降低风险以及提升合法性三方面内容，整理出包含3各题项（CI1—CI3）的量表来测量合作意愿。问卷中每个题项用一个5点 likert 式量表测量，即存在1—5点评价刻度1表示“完全不符合”，5表示“完全符合”。该量表具体的测量题项见表5－5。

表5－5　合作意愿变量的测量题项

序号	测量题项
CI1	组织具有强烈的合作动机和目的
CI2	组织具有资源和技能的获取和处理能力
CI3	组织具有强烈的资源和技能获取意愿

（6）组织学习

本书整合 Kale 等（2000）[235]和 Wilkens 等（2006）[237]关于组织学习的量表，整理出包含3个题项（OL1—OL3）的量表来测量组织学习。问卷中每个题项用一个5点 likert 式量表测量，即存在1—5点评价刻度1表示“完全不符合”，5表示“完全符合”。该量表具体的测量题项见表5－6。

表 5 - 6 组织学习变量的测量题项

序号	测量题项
OL1	组织所需前沿性知识总会及实地学习和掌握
OL2	组织能够快速的推广同行的先进做法
OL3	组织将外界所获取的知识应用于研发活动中

（7）基础知识关联性的测量

本书采用 Mowery 等（1998）[238] 开发的 3 个题项（BR1—BR3）的量表来测量基础知识关联性。问卷中每个题项用一个 5 点 likert 式量表测量，即存在 1—5 点评价刻度 1 表示“完全不符合”，5 表示“完全符合”。该量表具体的测量题项见表 5 - 7。

表 5 - 7 基础知识关联变量的测量题项

序号	测量题项
BR1	组织与合作伙伴有相似的文化和制度环境
BR2	组织与合作伙伴员工大多具有丰富的工作经历
BR3	组织能准确理解合作伙伴的沟通意愿

（8）专业知识差异性

本书采用 Cimon 等（2004）[239] 开发的 3 个题项（SD1—SD3）的量表来测量专业知识差异。问卷中每个题项用一个 5 点 likert 式量表测量，即存在 1—5 点评价刻度 1 表示“完全不符合”，5 表示“完全符合”。该量表具体的测量题项见表 5 - 8。

表 5 - 8 专业知识差异的测量题项

序号	测量题项
SD1	不清楚合作伙伴内部员工的知识结构
SD2	与合作伙伴内部的个人专业水平差距较大
SD3	与合作伙伴讨论和交流专业知识很困难

（9）贡献一致的测量

本书采用 Hoegl 等（2004）[186] 开发的 3 个题项（BC1—BC3）的量表来测量贡献一致。问卷中每个题项用一个 5 点 likert 式量表测量，即存在 1—5 点评价刻度 1 表示“完全不符合”，5 表示“完全符合”。该量表具体的测量题项见表 5－9。

表 5－9　贡献一致变量的测量题项

序号	测量题项
BC1	合作组织成员在目标实现过程中投入均衡
BC2	合作组织成员全身心投入团队活动
BC3	合作组织成员之间最大化相互支持

（10）沟通互动的测量

本书采用 Lester 等（2002）[240] 开发的 4 个题项（C1—C4）的量表来测量沟通互动。问卷中每个题项用一个 5 点 likert 式量表测量，即存在 1—5 点评价刻度 1 表示“完全不符合”，5 表示“完全符合”。该量表具体的测量题项见表 5－10。

表 5－10　沟通互动变量的测量题项

序号	测量题项
C1	合作组织成员乐意分享与工作相关的信息
C2	合作组织成员乐于相互交谈
C3	合作组织成员理解沟通的内容
C4	合作组织成员轻松就工作任务进行交谈

（11）合作有效性的测量

本书采用 Zellmer 等（2006）[241] 开发的 5 个题项（TE1—TE5）的量表来测量合作有效性。问卷中每个题项用一个 5 点 likert 式量表测量，即存在 1—5 点评价刻度 1 表示“完全不符合”，5 表示“完全符合”。该量表具体的测量题项见表 5－11。

表 5－11 合作有效性变量的测量题项

序号	测量题项
TE1	组织间合作目标实现状况良好
TE2	组织间合作计划执行满足各项指标
TE3	组织间合作成果满足各项要求
TE4	组织间合作成功完成其使命
TE5	组织间合作完成其预设定的目标

（12）合作创新绩效的测量

本书采用 Anderson 等（1998）[242] 开发的 4 个题项（TI1—TI4）的量表来测量合作创新绩效。问卷中每个题项用一个 5 点 likert 式量表测量，即存在 1—5 点评价刻度 1 表示“完全不符合”，5 表示“完全符合”。该量表具体的测量题项见表 5－12。

表 5－12 合作创新绩效变量的测量题项

序号	测量题项
TI1	组织合作成员实践新创意改善产品和服务
TI2	组织合作成员乐意尝试新的或替代性的工作方法和途径
TI3	组织合作产生新服务、新方法和新过程
TI4	总的来说这是一个成功的创新型合作

5.2 组织惯性维度探索性分析

探索性分析旨在将模糊复杂的构念降维，在不失真的前提下探索构念的本质结构。正式的调查问卷发放之前，先通过小规模预调研的基础上组织惯性问卷进行探索性研究。小规模的研究主要通过纸质邮寄问卷、电子邮件、传真或直接送达等多种渠道发放问卷；此外，结合访谈或实地调研的同时，直接邀请调查对象进行问卷填写，尽可能对问卷填答和回收实行全程的跟踪。小样本的调查为期 15 天，共发放 45 份问卷，回收 29 份。满足预试样本数最好为量表包含题相数最多一份（4 条题项）5 倍的要求[243]。此次问卷调查的描述性统计结果如表 5-13 所示。

表 5-13　组织惯性探索性调查描述性统计分析

项目	类别	样本数	百分比%
样本容量	有效	29	100
	无效	0	0
合计		29	100
工作单位	企业	17	58
	科研院校	12	42
合计		29	100

续表

项目	类别	样本数	百分比%
教育背景	博士	6	20
	硕士	12	41
	本科	7	24
	其他	4	15
合计		29	100

效度刻画测量工具精确地反映对象的水平，即测量准确性。效度系数越高则测量工具越能完整地还原测量对象。通常量表的效度划分为表面效度（face validity）、内容效度（content validity）、结构效度（construct validity）、聚合效度（convergent validity）和区分效度（discriminant validity）五种形式。

本书主要通过 KMO 检验（Kaiser - Meyer - Olkin）和 Bartllett 球形检验（Bartllett test of sphericity）来对问卷总体的结构效度进行分析。其中，KMO 统为取样适当性量数（其值介于 0 与 1 之间），当 KMO 值愈大时，意味着变量间的共同因素愈多，变量间的净相关系数越低，越适合进行因素分析。一般来说，KMO≥0.9，非常适合；0.8≤KMO<0.9，适合；0.7≤KMO<0.8，一般；0.6≤KMO<0.7，不太适合；KMO≤0.5，不适合。此外，Bartllett 球形检验是以变量的相关系数矩阵为出发点，零假设相关系数矩阵是一个单位阵。如果 Bartllett 球形检验的统计量数值较大，在此前提下对应的相伴概率值小于用户给定的显著性水平，则拒绝零假设；反之，则不能拒绝零假设，相关系数矩阵可能是一个单位阵，不适合作分析。针对组织惯性的 KMO 和 Bartllett 检验的情况如表 5 - 14 所示。

表 5－14　　组织惯性的 KMO 和 Bartllett 检验

Kaiser－Meyer－Olkin 取样适切性量数		0.805
Bartllett 球形检验	近似卡方分布	873.07
	自由度	121
	显著性	0.000

此处的 KMO 的值为 0.805，指标统计量大于 0.8 良好的标准，意味着变量间具有共同因素存在，变量适合进行因素分析。此外，Bartllett 球形检验的近似卡方分布值为 873.07，自由度为 121 达到 0.05 显著水平，可拒绝变量间的净相关系是单元矩阵的假设，变量的数据文件适合进行因素分析（见表 5－15）。

表 5－15　　组织惯性因素分析

类目	题项	成分			
		1	2	3	4
ZG1	现有资源勉强支持组织变革的实施	0.82			
ZG2	组织资源富有弹性，保持组织活动灵活性和动态性	0.71			
ZG3	组织善于发现拥有关系资源的中介者	0.69			
XG1	组织较少为员工学习新技能和新知识提供机会		0.94		
XG2	组织员工较少通过学习更新观念和行为		0.89		
XG3	组织员工较少主动寻求新知识		0.65		
XG4	以往知识和经验阻碍员工接受新知识		0.65		
SG1	新思想和新方法需耗费长时间才能反馈到管理层			0.88	
SG2	员工用新思想改变自身思维模式和行为模式			0.85	
SG3	员工倾向于用一种方法解决所有问题			0.76	
GG1	企业能够定期考察和评估已有组织规范的运作效率				0.86

续表

类目	题项	成分			
		1	2	3	4
GG2	企业能够及时地为员工提供新组织规范的培训和指导				0.74
GG3	企业员工能够很快地接受并运用新的组织规范				0.64
GG4	企业能够主动进行组织规范的变革以迎接内外部新的挑战				0.53

注：萃取方法：主成分分析。旋转方法：含 Kaiser 正态化的 Varimax 法。转轴收敛于 5 个迭代。

因素分析共萃取了四个因素，符合扎根理论构念包含的题项变量特征。根据因素分析结果结合相关研究文献，将因素一的构念命名为“资源惯性”，因素二的构念命名为“学习惯性”，因素三的构念命名为“思维惯性”，因素四的构念命名为“惯例惯性”。

5.3 测量工具效度检验

5.3.1 数据来源

调查对象主要关注企业合作创新背景下，组织惯性障因识别以及作用机理的探索研究，需体现丰富、频繁和互惠的沟通进行资源识别、吸收和利用，并且组织间合作的形式需体现恰当的管理机制、内部刺激和组织系统，因此排除技术采购或第三方研发形式的外包。当前我国创新驱动战略实施，为以组织间产品创新抑或产品和服务改进合作的喷薄兴起提供了历史契机，也是研究最为合意的调查对象。在调查区域的考量上，结合研究目的、便利性和可行性等要素，初步将抽样区域聚焦在河北、浙江、上海、江苏、天津等省市。一方面由于上述地区创新驱动和双创实践大力推行为研究提供了鲜活的调查样本；另一方面研究者与所在团队与诸多企业保持了良好的合作关系，更加可靠地获取真实的信息。综合 Bagozzi 和 Yi（1988）和侯杰泰等（2004）等的建议，预期的样本在 170—220 份之间。

本书选取便利抽样法和滚雪球抽样法相结合的非概率抽样法，数据收集主要通过三种途径进行：①现场发放，主要针对河北、浙江和上海三地的目标企业，在团队站考横向调研、现场培训和咨询的机会进行；②通过邮件向技术创新型企业名录的企业在线发放，电话咨询是否有跨组织合作创新经历，经确认后向其发放问卷；③委托同学、朋友以及学生等社会关系发放问卷，向他们征询能否帮忙将问卷发放给其他符合调查要求的人员及熟人的熟人。

问卷调查持续 6 个多月，共向 228 个满足调查要求的合作创新组织发出问卷，回收到 167 份样本回收率为 73%。问卷分为两部分，由联络人负责联系接洽，为最小化的降低同一时间、同一地点、同一人员导致的同源偏差（Common method variance）以及社会称许性导致的偏好性选项，本书确定至少一名技术骨干或项目直接负责人，能够为组织合作创新的绩效和运行情况全面的了解。对回收的问卷基于以下标准进行筛选：①关键信息空缺的问卷；②连续若干题项重复选择相同答案，并且重复出现两次则将其归类为未能认真填写问卷；③问卷填写相互矛盾，与设置的反向问项相互冲突的问卷同样删除。参照上述标准，在回收的 167 份样本中进行初步检查，剔除无效问卷 28 份，有效样本为 139 份，有效率为 83.2%，包含 377 份个体层次的问卷。

从回收的 167 份有效问卷来看，本书所获取的样本主要分布河北、浙江、天津、上海、广东和北京等地，涉及电子通信、机械制造、生物医药、石油化工、软件开发及其他等 6 个行业。其中软件开发、石油化工和机械制造等行业数量最多，占总有效样本数的 57.4%。从组织规模来看，主要集中在 50—100 人之间的中小企业，占总数的 33%。从企业寿命来看，样本对不同寿命的企业均有涉及。从问卷填写个体参与项目情况，从 73% 的访问者参与一个项目团队，25% 的受访者参与 2 个项目团队。样本基本特征的分布情况见表 5 - 16。

表 5 - 16　　样本数据的描述性统计

指标	类别	样本数	百分比（%）	累计百分比（%）
产业类型	电子通信	17	12.2	12.2
	机械制造	23	16.5	28.7
	生物医药	7	5	33.7
	石油化工	23	16.5	50.2
	软件开发	34	24.4	74.6
	其他产业	35	25.1	100
组织规模	15 人以下	5	3.5	3.5
	15—29 人	17	12.2	15.7
	30—49 人	42	30.2	45.9
	50—100 人	46	33	78.9
	100 人以上	29	20.8	100
组织寿命	3 年及以下	27	19.4	19.4
	3—5 年	36	25.8	45.2
	5—10 年	39	28.0	73.2
	10 年及以上	37	26.6	100

续表

指标	类别	样本数	百分比（%）	累计百分比（%）
参与项目	1	246	73	73
	2	84	25	98
	3	7	2	100

5.3.2　控制变量

本书将企业的背景变量（如组织规模、组织寿命和所处产业）作为控制变量，将员工个体同时参与的项目数量作为控制变量，以消除其对结果变量的影响。规模庞大的组织资源禀赋相对多元化，蛰伏的惯例、能力、知识和代理具有较多的挖掘空间和机会。寿命长久的组织通常弥漫厚重的官僚气息，资源和知识流动缓慢并且响应快速变化的复杂动荡环境相对迟缓。此外，不同的产业背景也会导致研究结论偏差，如传统制造产业与互联网行业、高新科技产业竞争程度以及政府扶持存在较大差异，因此本书参考 Salunke 等(2013)[20]、Soda 和 Zaheer（2012）[41]的建议，选取组织规模、组织寿命以及行业背景作为控制变量。其中，组织规模分为 5 个等级："1"代表 15 人以下，"2"代表 15—29 人，"3"代表 30—49 人，"4"代表 50—100 人，"5"代表 100 人以上；组织寿命划分为 4 个等级："1"代表 3 年及以下，"2"代表 3—5 年，"3"代表 5—10 年，"4"代表 10 年及以上；组织所处产业分为 6 个等级："1"代表电子通信，"2"代表机械制造，"3"代表生物医药，"4"代表食品化工，"5"代表软件开发，"6"代表其他；同时参与项目数量分为 3 个等级："1"代表 1 个，"2"代表 2 个，"3"代表 3 个以上。

5.3.3 效度分析

统计学中信度刻画测量结果内部异质性的水平，反映测量工具稳健性或可靠性的统计分析方法。较理想的一致性系数是测度满足信度要求的基础。当前研究领域运用Cronbach α信度系数衡量内部一致性。Cronbach α信度系数介于0—1之间，数值越趋近于1则内在信度越佳。Nunnnally（1978）强调Cronbach α信度系数大于0.9，说明量表内在信度质量优秀；Cronbach α信度系数大于0.7量表内在信度质量可以接受，而Cronbach α信度系数小于0.7则说明量表质量不佳应重新设计为宜。

本书的数据分析由SPSS 22.0和AMOS 20.0完成，所用方法包括：描述性统计法、CITC检验、信度分析、验证性因子分析、数据聚合分析、相关分析、层次线性回归和Sobel检验等。第一，描述性统计分析主要分析样本背景等基本情况进行频次统计分析。第二，CICT值是指在同一个变量维度下，每一个测量题项与其他所有题项加总和的相关系数，通常情况下，当CICT值小于0.3时，该条测量问项就必须删除以保证良好的测量信度。Cronbach α信度系数检验问卷的内部一致性，通常要求Cronbach α系数达到0.7，并且每一次删减都需要重新计算Cronbach α值，如若删除某项测量条目使得Cronbach α系数反而增大，则建议删除该条目。第三，采用探索性分析和验证性分析检验量表的信度和效度。第四，对可能出现的同源误差进行最小限度的控制，以降低同源误差引起的结论的偏差。第五，运用层次回归模型分析组织间合作创新因素对组织惯性的影响以及组织惯性对合作创新绩效的路径。

(1) CITC检验与信度分析

①资源惯性量表的CITC检验与信度分析。表5-17是资源惯性量表的CITC检验与信度分析。由表5-17可知，资源惯性量表的α系数为0.92，满足标准，表明各测量题项具有较高的内部一致性。各题项的CITC值分别为：ZG1=0.633，ZG2=0.658，ZG3=0.680，均符合标准。因此，该量表符合研究的要求。

表5-17 ZG维度的CITC检验与信度分析（N=377）

测量题项	题项内容	CITC-1	CITC-2	删除该条目后的α系数	α系数
ZG1	现有资源勉强支持组织变革的实施	0.63		0.91	
ZG2	组织资源富有弹性，保持组织活动灵活性和动态性	0.65		0.91	α-1=0.92 α-2=/
ZG3	组织善于发现拥有关系资源的中介者	0.680		0.91	

②学习惯性量表的CITC检验与信度分析。表5-18是学习惯性量表的CITC检验与信度分析。由表5-18可知，学习惯性量表的α系数为0.92，满足标准，表明各测量题项具有较高的内部一致性。各题项的CITC值分别为：XG1=0.752，XG2=0.745，XG3=0.784，XG4=0.790，均符合标准。因此，该量表符合研究的要求。

③思维惯性量表的CITC检验与信度分析。表5-19是思维惯性量表的CITC检验与信度分析。由表5-19可知，思维惯性量表的α系数为0.89，满足标准，表明各测量题项具有较高的内部一致性。各题项的CITC值分别为：SG1=0.612，SG2=0.636，SG3=0.649，均符合标准。因此，该量表符合研究的要求。

表 5－18　XG 维度的 CITC 检验与信度分析（N＝377）

测量题项	题项内容	CITC－1	CITC－2	删除该条目后的 α 系数	α 系数
XG1	组织较少为员工学习新技能和新知识提供机会	0. 75		0. 91	α－1＝0. 92 α－2＝/
XG2	组织员工较少通过学习更新观念和行为	0. 74		0. 91	
XG3	组织员工较少主动寻求新知识	0. 78		0. 90	
XG4	以往知识和经验阻碍员工接受新知识	0. 79		0. 90	

表 5－19　SG 维度的 CITC 检验与信度分析（N＝377）

测量题项	题项内容	CITC－1	CITC－2	删除该条目后的 α 系数	α 系数
SG1	新思想和新方法需耗费长时间才能反馈到管理层	0. 61		0. 88	α－1＝0. 89 α－2＝/
SG2	员工用新思想改变自身思维模式和行为模式	0. 63		0. 87	
SG3	员工倾向于用一种方法解决所有问题	0. 64		0. 84	

④惯例惯性量表的 CITC 检验与信度分析。表 5－20 是惯例惯性量表的 CITC 检验与信度分析。由表 5－20 可知，惯例惯性量表的 α 系数为 0. 84，满足标准，表明各测量题项具有较高的内部一致性。各题项的 CITC 值分别为：GG1＝0. 723，GG2＝0. 739，GG3＝0. 729，GG4＝0. 717，均符合标准。因此，该量表符合研究的要求。

表5-20 GG维度的CITC检验与信度分析（N=377）

测量题项	题项内容	CITC-1	CITC-2	删除该条目后的α系数	α系数
GG1	企业能够定期考察和评估已有组织规范的运作效率	0.723		0.829	α-1=0.84 α-2=/
GG2	企业能够及时地为员工提供新组织规范的培训和指导	0.739		0.814	
GG3	企业员工能够很快地接受并运用新的组织规范	0.729		0.807	
GG4	企业能够主动进行组织规范的变革以迎接内外部新的挑战	0.717		0.807	

⑤合作意愿量表的CITC检验与信度分析。表5-21是合作意愿量表的CITC检验与信度分析。由表5-21可知，合作意愿的α系数为0.74，满足标准，表明各测量题项具有较高的内部一致性。各题项的CITC值分别为：CI1=0.723，CI2=0.739，CI3=0.729，均符合标准。因此，该量表符合研究的要求。

表5-21 CI维度的CITC检验与信度分析（N=377）

测量题项	题项内容	CITC-1	CITC-2	删除该条目后的α系数	α系数
CI1	组织具有强烈的合作动机和目的	0.55		0.55	α-1=0.74 α-2=/
CI2	组织具有资源和技能的获取和处理能力	0.50		0.68	
CI3	组织具有强烈的资源和技能获取意愿	0.66		0.42	

⑥组织学习量表的CITC检验与信度分析。表5-22是组织学习量表的CITC检验与信度分析。由表5-22可知，组织学习量表的α系数为0.92，满足标准，表明各测量题

项具有较高的内部一致性。各题项的 CITC 值分别为：OL1 =0.678，OL2 =0.762，OL3 =0.754，均符合标准。因此，该量表符合研究的要求。

表 5-22 OL 维度的 CITC 检验与信度分析（N=377）

测量题项	题项内容	CITC-1	CITC-2	删除该条目后的 α 系数	α 系数
OL1	组织所需前沿性知识总会及实地学习和掌握	0.67		0.91	α-1=0.92 α-2=/
OL2	组织能够快速的推广同行的先进做法	0.76		0.90	
OL3	组织将外界所获取的知识应用于研发活动中	0.75		0.89	

⑦基础知识关联量表的 CITC 检验与信度分析。表 5-23 是基础知识关联量表的 CITC 检验与信度分析。由表 5-23 可知，基础知识关联量表的 α 系数为 0.87，满足标准，表明各测量题项具有较高的内部一致性。各题项的 CITC 值分别为：BR1 =0.713，BR2 =0.757，BR3 =0.710，均符合标准。因此，该量表符合研究的要求。

表 5-23 BR 维度的 CITC 检验与信度分析（N=377）

测量题项	题项内容	CITC-1	CITC-2	删除该条目后的 α 系数	α 系数
BR1	组织与合作伙伴有相似的文化和制度环境	0.71		0.86	α-1=0.87 α-2=/
BR2	组织与合作伙伴员工大多具有丰富的工作经历	0.75		0.83	
BR3	组织能准确理解合作伙伴的沟通意愿	0.71		0.86	

⑧专业知识差异量表的 CITC 检验与信度分析。表 5－24 是专业知识差异量表的 CITC 检验与信度分析。由表 5－24 可知，专业知识差异量表的 α 系数为 0.89，满足标准，表明各测量题项具有较高的内部一致性。各题项的 CITC 值分别为：SD1＝0.780，SD2＝0.768，SD3＝0.752，均符合标准。因此，该量表符合研究的要求。

表 5－24　SD 维度的 CITC 检验与信度分析（N＝377）

测量题项	题项内容	CITC－1	CITC－2	删除该条目后的 α 系数	α 系数
SD1	不清楚合作伙伴内部员工的知识结构	0.78		0.88	α－1＝0.89 α－2＝/
SD2	与合作伙伴内部的个人专业水平差距较大	0.76		0.86	
SD3	与合作伙伴讨论和交流专业知识很困难	0.75		0.86	

⑨贡献一致量表的 CITC 检验与信度分析。表 5－25 是贡献一致量表的 CITC 检验与信度分析结果。由表 5－25 可知，贡献一致量表的 α 系数为 0.85，满足标准，表明各测量题项具有较高的内部一致性。各题项的 CITC 值分别为：BC1＝0.688，BC2＝0.781，BC3＝0.692，均符合标准。因此，该量表符合研究的要求。

⑩沟通互动量表的 CITC 检验与信度分析。表 5－26 是沟通互动量表的 CITC 检验与信度分析。由表 5－26 可知，沟通互动量表的 α 系数为 0.83，满足标准，表明各测量题项具有较高的内部一致性。各题项的 CITC 值分别为：C1＝0.513，C2＝0.616，C3＝0.614，C4＝0.708，均符合标准。因此，该量表符合研究的要求。

表 5-25 BC 维度的 CITC 检验与信度分析（N=377）

测量题项	题项内容	CITC-1	CITC-2	删除该条目后的 α 系数	α 系数
BC1	合作组织成员在目标实现过程中投入均衡	0.68		0.82	α-1=0.85 α-2=/
BC2	合作组织成员全身心投入团队活动	0.78		0.73	
BC3	合作组织成员之间最大化相互支持	0.69		0.81	

表 5-26 C 维度的 CITC 检验与信度分析（N=377）

测量题项	题项内容	CITC-1	CITC-2	删除该条目后的 α 系数	α 系数
C1	合作组织成员乐意分享与工作相关的信息	0.51		0.82	α-1=0.83 α-2=/
C2	合作组织成员乐于相互交谈	0.61		0.80	
C3	合作组织成员理解沟通的内容	0.61		0.81	
C4	合作组织成员轻松就工作任务进行交谈	0.70		0.80	

⑪合作有效性量表的 CITC 检验与信度分析。表 5-27 是合作有效性量表的 CITC 检验与信度分析结果。由表 5-27 可知，合作有效性量表的 α 系数为 0.92，满足标准，表明各测量题项具有较高的内部一致性。各题项的 CITC 值分别为：TE1=0.762，TE2=0.819，TE3=0.836，TE4=0.827，TE5=0.761，均符合标准。因此，该量表符合研究的要求。

表5-27　　TE维度的CITC检验与信度分析（N=377）

测量题项	题项内容	CITC-1	CITC-2	删除该条目后的α系数	α系数
TE1	组织间合作目标实现状况良好	0.76		0.91	α-1=0.92 α-2=/
TE2	组织间合作计划执行满足各项指标	0.81		0.90	
TE3	组织间合作成果满足各项要求	0.83		0.89	
TE4	组织间合作成功完成其使命	0.82		0.90	
TE5	组织间合作完成其预设定的目标	0.76		0.91	

⑫合作创新量表的CITC检验与信度分析。表5-28是合作创新量表的CITC检验与信度分析结果。由表5-28可知，合作创新量表的α系数为0.94，满足标准，表明各测量题项具有较高的内部一致性。各题项的CITC值分别为：TI1=0.884，TI2=0.791，TI3=0.829，TI4=0.809，均符合标准。因此，该量表符合研究的要求。

表5-28　　TI维度的CITC检验与信度分析（N=377）

测量题项	题项内容	CITC-1	CITC-2	删除该条目后的α系数	α系数
TI1	组织合作成员实践新创意改善产品和服务	0.88		0.88	α-1=0.94 α-2=/
TI2	组织合作成员乐意尝试新的或替代性的工作方法和途径	0.79		0.91	
TI3	组织合作产生新服务、新方法和新过程	0.82		0.90	
TI4	总的来说这是一个成功的创新型合作	0.80		0.90	

（2）验证性因子分析

为了避免出现变量之间的区分效度较低而影响后续研究结果的问题，本书采用 AMOS 20.0 进行验证性因子分析。一般研究者选择以下拟合指数 χ^2（Chi－square Test，即卡方检验）、χ^2/df 检验（Normed Chi－square，df 代表自由度）、RMSEA（Root Mean Spuare Error of Approximation，近似误差均方根）、GFI（Goodness－of－Fit Index，拟合优度指数）；相对拟合指数：NFI（Normed Fit Index，比较拟合指数）、IFI（Incremental Fix Index，递增拟合指数）和 CFI（Comparative Fit Index，标准拟合指数）进行数据拟合的验证。拟合指数满足要求是确保拟合模型质量的根本条件。根据相关研究方法以及保证数据能够较好地拟合模型实际需求，本书采取 χ^2/df 检验、RMSEA、GFI、NFI 和 IFI 五类常用的拟合指数评价模型的拟合优度，各类指标具体判断标准如下：

①χ^2/df（卡方指数与自由度比值），χ^2 是拟合指数的基础，刻画模型的拟合优度。但是样本容量与 χ^2 拟合度和检验结果相关（侯杰泰等，2004），样本越大使得卡方值越易于显著，越倾向拒绝所有的假设模型。因此，本书采取卡方指数与自由度比值 χ^2/df 降低对样本数量的敏感性，弥补 χ^2 差性适配指标受样本数量影响较大，导致理论模型相对容易被拒绝。对 χ^2/df 的临界判定值，有小于 2、小于 3 和小于 5 三个标准，在该范围内则认为模型模拟较好。本书以不超过 2 为准。

②RMSEA（近似误差均方根）通过近似误差进行估计。RMSEA 较少受样本容量的影响，对错误模型比较敏感，相较于其他指数是较为理想的绝对拟合指数，Steiger（1990）强调，当 RMSEA 小于 0.05 则认为该理论模型是“良好适配”，可接受的；处于 0.05—0.08 区间则是“不错的适

配”；0.08—0.1之间是“中度适配”，其余则是“不良适配”。

③GFI（拟合优度指数）反应理论模型的变异数与共变数能够解释观察资料的变异数和共变数的程度，即模型整体的适配程度。取值区间在0—1之间，数值越大表示适配程度越好。不幸的是GFI同样受样本容量的影响，因此学者建议应综合考量调整拟合优度指标AGFI。

④IFI（递增拟合指数）和NFI（标准拟合指数）用于分析相对于基准模型卡方值减少的比例。NFI是理论模型相对于基准模型χ^2降低的比率，易受自由度的影响，其修正指数IFI通过降低指标的平均值降低对样本规模的依赖。通常认为NFI和IFI大于0.9为良好，大于0.85也可接受[243—245]。本书采取的拟合指标和评断标准见表5-29。

表5-29　　模型整体拟合度评判指标及其标准

类型	简称	指标全称	取值范围	评判标准
绝对拟合指数	χ2/df	Normed Chi - Square	>0	χ2/df<2表示模型拟合良好； 2<χ2/df<5表示模型可以接受； χ2/df>5表示模型拟合较差
	RMSEA	Root Mean Spuare Error of Approximation	>0	低于0.05时表示模型拟合良好； 0.05—0.08表示模型拟合较好； 高于0.10时表示模型拟合较差
	GFI	Goodness - of - Fit Index	0—1，可能<0	其值大于0.9，越接近1越好
性对拟合指数	NFI	Normed Fit Index	0—1	其值大于0.9，越接近1越好
	IFI	Incremental Fix Index	0—1	其值大于0.9，越接近1越好

资料来源：奉小斌（2012）。

研究模型包含5个变量：组织参与（organization involvement）、双方匹配度（organizational fitness）、合作过程

(cooperation process)、组织惯性（organization inertia）以及创新绩效（innovation）。结果显示，5因子模型比其他嵌套模型的拟合效果都要好，参见表5－30。这说明，5个变量之间具备良好的区分效度，所有5个变量都可以被包含在后续的实证研究之中。

表5－30　概念区分效度的验证性因子分析结果

模型	所含因子	χ2	df	χ2/df	RMSEA	GFI	IFI	NFI
模型1	5个因子：OI；OF；CP；OI；I	617.88	367	1.68	0.01	0.94	0.94	0.88
模型2	4个因子：OI+OF；CP；OI；I	676.04	371	1.82	0.11	0.80	0.81	0.86
模型3	4个因子：OI；OF+CP；OI；I	477.89	246	1.94	0.12	0.68	0.77	0.72
模型4	4个因子：CL；OI；OF；CP+OI；I	690.97	371	1.86	0.11	0.72	0.80	0.75
模型5	4个因子：OI；OF；CP；OI+I	784.36	374	2.09	0.13	0.46	0.53	0.74
模型6	3个因子：OI+OF；CP+OI；I	726.34	374	1.94	0.12	0.57	0.78	0.63
模型7	3个因子：OI+OF+CP；OI；I	856.16	376	2.27	0.14	0.49	0.70	0.56
模型8	3个因子：OI+OF；CP；OI+I	897.29	376	2.38	0.15	0.47	0.67	0.54
模型9	2个因子：OI+OF+CP；OI+I	887.02	376	2.35	0.14	0.40	0.68	0.55

注：N＝377；OI表示组织参与、OF表示双方匹配度、CP表示合作过程、OI表示组织惯性以及I表示创新绩效；“＋”表示两个因子合并为一个因子。

5.4 假设验证

5.4.1 描述性统计分析（见表5-31）

表5-31总结了变量的平均值、方差以及相关系数。从表5-31我们可以看到，关于平均值，组织规模为2.19、组织寿命为3.70、产业为5.06、员工同时参与项目数1.73、组织学习4.09、合作意向3.79、沟通3.81、贡献一致3.67、基础知识相关3.61、专业知识距离3.88、资源惯性2.35、惯例惯性2.31、学习惯性2.03、思维惯性1.94、创新结果3.65、合作有效性3.81；方差方面，组织规模0.94、组织寿命0.77、产业1.67、员工同时参与项目数1.20、组织学习0.59、合作意向0.66、沟通0.60、贡献一致0.75、基础知识相关0.66、专业知识距离0.58、资源惯性0.68、惯例惯性0.70、学习惯性0.59、思维惯性0.59、创新结果0.71、合作有效性0.65。

组织规模与组织寿命（r=0.18，p=ns）、产业（r=0.08，p=ns）、员工同时参与项目数（r=0.17，p=ns）、组织学习（r=-0.14，p=ns）、合作意向（r=-0.03，p=ns）、沟通（r=0.12，p=ns）、贡献一致（r=0.02，p=ns）、基础知识相关（r=0.10，p=ns）、专业知识距离（r=0.06，p=ns）、资源惯性（r=0.05，p=ns）、惯例惯性（r=0.12，p=ns）、学习惯性（r=0.15，p=ns）、思维惯

表 5－31　　描述性统计分析

变量	Mean	Sd	Size	Dur	Ind	Tot	OL	CI	C	CB	BR	SD	ZG	GG	XG	SG	TI	TE
Size	2.19	0.94	1	0.18	0.08	0.17	-0.14	-0.03	0.12	0.02	0.10	0.06	0.05	0.12	0.15	-0.02	-0.11	0.03
Dur	3.70	0.77		1	0.27*	0.15	0.02	0.14	0.13	-0.01	0.04	0.04	-0.01	0.09	0.00	-0.08	-0.04	0.08
Ind	5.06	1.67			1	-0.09	-0.04	-0.03	-0.06	-0.17	-0.02	-0.08	0.13	0.19	0.09	0.11	-0.16	-0.04
Tot	1.73	1.20				1	0.17	0.07	0.02	0.04	0.02	-0.11	0.00	0.03	-0.13	-0.06	0.13	-0.01
OL	4.09	0.59					1	0.36**	0.50**	0.47**	0.28*	0.35**	-0.33**	-0.44**	-0.40**	-0.30*	0.43**	0.39**
CI	3.79	0.66						1	0.59**	0.45**	0.53**	0.57**	-0.69**	-0.51**	-0.72**	-0.66**	0.72**	0.49**
C	3.81	0.60							1	0.45**	0.66**	0.78**	-0.67**	-0.61**	-0.51**	-0.59**	0.73**	0.65**
CB	3.67	0.75								1	0.75**	0.47**	-0.63**	-0.63**	-0.55**	-0.47**	0.52**	0.69**
BR	3.61	0.66									1	0.57**	-0.75**	-0.66**	-0.53**	-0.55**	0.68**	0.78**
SD	3.88	0.58										1	-0.61**	-0.51**	-0.62**	-0.62**	0.64**	0.47**
ZG	2.35	0.68											1	0.76**	0.67**	0.61**	-0.73**	-0.75**
GG	2.31	0.70												1	0.65**	0.54**	-0.72**	-0.64**
XG	2.03	0.59													1	0.80**	-0.69**	-0.53**
SG	1.94	0.59														1	-0.62**	-0.52**
TI	3.65	0.71															1	0.53**
TE	3.81	0.65																1

注：Size 表示组织规模；Dur 表示组织寿命；Ind 表示产业；Tot 表示员工同时参与项目数；OL 表示组织学习；CI 表示合作意向；C 表示沟通；CB 表示贡献一致；BR 表示基础知识相关；SD 表示专业知识距离；ZG 表示资源惯性；GG 表示惯例惯性；XG 表示学习惯性；SG 表示思维惯性；TI 表示合作创新绩效；TE 表示合作有效性。其中，*** 表示 $P<0.001$，** 表示 $P<0.01$，* 表示 $P<0.05$。

性（r = -0.02，p = ns）、创新结果（r = -0.11，p = ns）、合作有效性（r = 0.03，p = ns）。

组织寿命与产业（r = 0.27，p < 0.05）、员工同时参与项目数（r = 0.15，p = ns）、组织学习（r = 0.02，p = ns）、合作意向（r = 0.14，p = ns）、沟通（r = 0.13，p = ns）、贡献一致（r = -0.01，p = ns）、基础知识相关（r = 0.04，p = ns）、专业知识距离（r = 0.04，p = ns）、资源惯性（r = -0.01，p = ns）、惯例惯性（r = 0.09，p = ns）、学习惯性（r = 0.00，p = ns）、思维惯性（r = -0.08，p = ns）、创新结果（r = -0.04，p = ns）、合作有效性（r = 0.08，p = ns）。

产业与员工同时参与项目数（r = -0.09，p = ns）、组织学习（r = -0.04，p = ns）、合作意向（r = -0.03，p = ns）、沟通（r = -0.06，p = ns）、贡献一致（r = -0.17，p = ns）、基础知识相关（r = -0.02，p = ns）、专业知识距离（r = -0.08，p = ns）、资源惯性（r = 0.13，p = ns）、惯例惯性（r = 0.19，p = ns）、学习惯性（r = 0.09，p = ns）、思维惯性（r = 0.11，p = ns）、创新结果（r = -0.16，p = ns）、合作有效性（r = -0.04，p = ns）。组织特征下只有组织组织寿命和所处产业成正相关，组织特征等控制变量与其他变量皆不相关。

员工同时参与项目数与其他变量也不相关，其中与组织学习（r = 0.17，p = ns）、合作意向（r = 0.07，p = ns）、沟通（r = 0.02，p = ns）、贡献一致（r = 0.04，p = ns）、基础知识相关（r = 0.02，p = ns）、专业知识距离（r = -0.11，p = ns）、资源惯性（r = 0.00，p = ns）、惯例惯性（r = 0.03，p = ns）、学习惯性（r = -0.13，p = ns）、思维惯性（r = -0.06，p = ns）、创新结果（r = 0.13，p = ns）、合作有效性（r = -0.05，p = ns）。

组织学习与合作意向（$r=0.36$，$p<0.01$）、沟通（$r=0.50$，$p<0.01$）、贡献一致（$r=0.47$，$p<0.01$）、基础知识相关（$r=0.28$，$p<0.05$）、专业知识距离（$r=0.35$，$p<0.01$）、资源惯性（$r=-0.33$，$p<0.01$）、惯例惯性（$r=-0.44$，$p<0.01$）、学习惯性（$r=-0.40$，$p<0.01$）、思维惯性（$r=-0.30$，$p<0.05$）、创新结果（$r=0.43$，$p<0.01$）、合作有效性（$r=0.39$，$p<0.01$）。

合作意向与沟通（$r=0.59$，$p<0.01$）、贡献一致（$r=0.45$，$p<0.01$）、基础知识相关（$r=0.53$，$p<0.01$）、专业知识距离（$r=0.57$，$p<0.01$）、资源惯性（$r=-0.69$，$p<0.01$）、惯例惯性（$r=-0.51$，$p<0.01$）、学习惯性（$r=-0.72$，$p<0.01$）、思维惯性（$r=-0.66$，$p<0.01$）、创新结果（$r=0.72$，$p<0.01$）、合作有效性（$r=0.49$，$p<0.01$）。

沟通与贡献一致（$r=0.45$，$p<0.01$）、基础知识相关（$r=0.66$，$p<0.01$）、专业知识距离（$r=0.78$，$p<0.01$）、资源惯性（$r=-0.67$，$p<0.01$）、惯例惯性（$r=-0.61$，$p<0.01$）、学习惯性（$r=-0.51$，$p<0.01$）、思维惯性（$r=-0.59$，$p<0.01$）、创新结果（$r=0.73$，$p<0.01$）、合作有效性（$r=0.65$，$p<0.01$）。

贡献一致与基础知识相关（$r=0.75$，$p<0.01$）、专业知识距离（$r=0.47$，$p<0.01$）、资源惯性（$r=-0.63$，$p<0.01$）、惯例惯性（$r=-0.63$，$p<0.01$）、学习惯性（$r=-0.55$，$p<0.01$）、思维惯性（$r=-0.47$，$p<0.01$）、创新结果（$r=0.52$，$p<0.01$）、合作有效性（$r=0.69$，$p<0.01$）。

基础知识相关与专业知识距离（$r=0.57$，$p<0.01$）、资源惯性（$r=-0.75$，$p<0.01$）、惯例惯性（$r=-0.66$，$p<0.01$）、学习惯性（$r=-0.53$，$p<0.01$）、思维惯性（r

$= -0.55$，$p<0.01$）、创新结果（$r=0.68$，$p<0.01$）、合作有效性（$r=0.78$，$p<0.01$）。

专业知识距离与资源惯性（$r=-0.61$，$p<0.01$）、惯例惯性（$r=-0.51$，$p<0.01$）、学习惯性（$r=-0.62$，$p<0.01$）、思维惯性（$r=-0.62$，$p<0.01$）、创新结果（$r=0.64$，$p<0.01$）、合作有效性（$r=0.47$，$p<0.01$）。

资源惯性与惯例惯性（$r=0.76$，$p<0.01$）、学习惯性（$r=0.67$，$p<0.01$）、思维惯性（$r=0.61$，$p<0.01$）、创新结果（$r=-0.73$，$p<0.01$）、合作有效性（$r=-0.75$，$p<0.01$）。

惯例惯性与学习惯性（$r=0.65$，$p<0.01$）、思维惯性（$r=0.54$，$p<0.01$）、创新结果（$r=-0.72$，$p<0.01$）、合作有效性（$r=-0.64$，$p<0.01$）。

学习惯性与思维惯性（$r=0.80$，$p<0.01$）、创新结果（$r=-0.69$，$p<0.01$）、合作有效性（$r=-0.53$，$p<0.01$）。

思维惯性与创新结果（$r=-0.62$，$p<0.01$）、合作有效性（$r=-0.52$，$p<0.01$）。

创新结果与合作有效性（$r=0.53$，$p<0.01$）。针对组织参与（组织学习和组织合作意愿）、双方匹配度（基础知识相关性和专业知识差异性）、合作过程（沟通和贡献一致）、创新结果（合作有效性和创新绩效）和组织惯性的相关性比较发现，组织参与、双方匹配度、合作过程以及创新结果呈现一定的相关性，显著性一般维持 $p<0.01$ 的范围，与组织惯性同样呈现 $p<0.01$ 的显著性的相关。

5.4.2 假设验证分析

(1) 子维度直接效应的检验

运用 Spss22.0 软件进行线性层次回归（hierarchical regression modeling），假设 1—假设 6 分别提出组织参与——合作意愿、组织学习对组织惯性四个子维度的影响，双方匹配——基础知识关联和专业知识差异对组织惯性四个子维度的影响以及合作过程——贡献一致和沟通对组织惯性四个子维度的影响。具体回归分析过程包含两个步骤，首先在回归方程中加入个控制变量；其次在回归方程中加入自变量。在每一步骤中，分别对回归系数，R^2 和 F 值等进行检验判断显著性。

第一步，在回归方程中带入组织规模、组织寿命、所处行业以及员工参与项目数量等控制变量，回归结果显示控制变量对组织惯性各维度的解释力较小，回归系数均未达到显著水平，说明控制变量对组织惯性各维度的影响较弱。

第二步，带入合作意愿、组织学习、基础知识关联、专业知识差异、贡献一致以及沟通交流等变量，检验在控制组织特征情境下，上述自变量对组织惯性各个维度因变量的影响。根据层次线性回归分析的结果可知，在控制组织规模、组织寿命、所处行业以及员工参与项目数等变量的基础上，合作意愿与思维惯性负向影响（$\beta = -0.38$，$p < 0.01$），与学习惯性负向影响（$\beta = -0.47$，$p < 0.001$），资源惯性负向影响（$\beta = -0.32$，$p < 0.01$），与惯例惯性（$\beta = -0.31$，$p < 0.05$）。H1 -1、H1 -2、H1 -3 和 H1 -4 得到证实。

组织学习与组织惯性两个维度影响系数显著，与思维惯性（$\beta = -0.35$，$p < 0.05$），与学习惯性（$\beta = -0.31$，$p < 0.05$），资源惯性（$\beta = 0.10$，$p = ns$），与惯例惯性（$\beta =$

-0.06，p=ns）。H2-1、H2-2得到证实，H2-3、H2-4未得到证实。基础知识关联对资源惯性负向影响（β=-0.31，p<0.05），与惯例惯性（β=-0.36，p<0.01），与其维度的组织惯性影响系数不显著，与思维惯性（β=-0.07，p=ns），与学习惯性（β=0.03，p=ns）。H3-3、H3-4得证、H3-1、H3-2未得到证实。专业知识差异对学习惯性和思维惯性呈负向影响，影响系数为（β=-0.40，p<0.01）和（β=-0.37，p<0.01），与其他维度的组织惯性影响不显著，其中，与惯例惯性（β=0.11，p=ns），与资源惯性（β=0.02，p=ns）。H4-1、H4-2得证，H4-3、H4-4未得到证实。贡献一致与思维惯性（β=-0.09，p=ns），与学习惯性（β=-0.44，p<0.01），资源惯性（β=-0.17，p=ns），与惯例惯性（β=-0.43，p<0.01）。H5-1、H5-4未得到证实，H5-2、H5-3都得到证实。沟通交流堪称组织惯性消除万能药剂有效地突破思维惯性（β=-0.39，p<0.01），与学习惯性（β=-0.33，p<0.05），与惯例惯性（β=-0.35，p<0.05），对资源惯性（β=-0.40，p<0.01）。H6-1、H6-2、H6-3和H6-4得到证实（见表5-32）。

表5-32 合作创新变量对组织惯性直接效应

	资源惯性		惯例惯性		学习惯性		思维惯性	
控制变量	M1	M2	M3	M4	M5	M6	M7	M8
组织规模	0.04	0.11	0.10	0.14	0.18	0.17*	-0.00	0.02
组织寿命	-0.06	0.04	0.02	0.1	-0.03	0.06	-0.11	-0.01
所处产业	0.15	0.05	0.18	0.09	0.07	-0.03	0.14	0.04
项目参与	0.01	0.01	0.03	0.06	-0.15	-0.18*	-0.03	-0.07
自变量								
合作意愿		-0.32**		-0.31*		-0.47***		-0.38**

续表

	资源惯性		惯例惯性		学习惯性		思维惯性	
控制变量	M1	M2	M3	M4	M5	M6	M7	M8
组织学习		0.10		-0.06		-0.31*		-0.35*
基础相关		-0.31*		-0.36**		0.03		-0.07
专业差异		0.02		0.11		-0.40**		-0.37**
贡献一致		-0.17		-0.43**		-0.44**		-0.09
沟通交流		-0.40**		-0.35*		-0.33*		-0.39**
R^2	0.02	0.72	0.05	0.61	0.05	0.69	0.02	0.56
ΔR^2	0.02	0.70***	0.05	0.56***	0.05	0.63***	0.02	0.53***
ΔF	0.35	22.45***	0.78	12.54***	0.86	11.75***	0.41	10.54***

注：*** 表示 $P<0.001$，** 表示 $P<0.01$，* 表示 $P<0.05$。

（2）总维度效应的检验

①组织参与与合作创新、合作有效性回归分析。根据层次回归分析法，逐步检验假设。

第一步，在回归方程中代入组织规模、组织寿命、所处行业以及员工参与项目数量等控制变量，回归结果显示控制变量对合作创新绩效和合作有效性的解释力较小，回归系数均未达到显著水平，说明控制变量对合作创新绩效和合作有效性的影响较弱。

第二步，代入组织参与变量，检验在控制组织特征情境下，组织参与自变量对合作创新绩效、合作有效性因变量的影响。

根据层次线性回归分析的结果可知，在控制组织规模、组织寿命、所处行业以及员工都参与项目数等变量的基础上，组织参与显著正向影响合作结果变量，对合作创新绩效的影响系数是 M12（$\beta=0.703$，$p<0.001$），对合作有效性的影响系数是 M15（$\beta=0.570$，$p<0.001$），具有较好的解释力（$\Delta R^2=0.46$，$p<0.001$；$\Delta R^2=0.30$，$p<0.001$）。

H7－1、H7－2得证。

②组织惯性与合作创新、合作有效性回归分析。重复组织参与与合作创新、合作有效性回归分析步骤。第一步，在回归方程中代入组织规模、组织寿命、所处行业以及员工参与项目数量等控制变量，回归结果显示控制变量对合作创新绩效和合作有效性的解释力较小，回归系数均未达到显著水平，说明控制变量对合作创新绩效和合作有效性的影响较弱。

第二步，代入组织惯性变量，检验在控制组织特征情境下，组织惯性自变量对合作创新绩效、合作有效性因变量的影响。根据层次线性回归分析的结果可知，在控制组织规模、组织寿命、所处行业以及员工都参与项目数等变量的基础上，组织惯性显著负向影响合作结果，对合作创新绩效的影响系数是M13（$\beta = -0.790$，$p < 0.001$），对合作有效性的影响系数是M16（$\beta = -0.726$，$p < 0.001$），具有较好的解释力（$\Delta R^2 = 0.60$，$p < 0.001$；$\Delta R^2 = 0.50$，$p < 0.001$）。H8－1、H8－2得证。

③组织惯性中介效应检验。采用层次回归方法验证组织惯性的中介作用。中介作用存在的条件需满足自变量显著影响中介变量；中介变量对因变量有显著影响；将自变量和中介变量同时代入回归方程解释因变量，中介变量的作用显著，自变量的作用消失（完全中介）或减弱（部分中介）。

第一步，在回归方程中代入组织规模、组织寿命、所处行业以及员工参与项目数量等控制变量，回归结果显示控制变量对合作创新绩效和合作有效性的解释力较小，回归系数均未达到显著水平，说明控制变量对合作创新绩效和合作有效性的影响较弱。

第二步，代入组织参与自变量，检验在控制组织特征情境下，组织参与自变量对组织惯性中介变量的影响。根据层次线性回归分析的结果可知，在控制组织规模、组织寿命、所处行业以及员工都参与项目数等变量的基础上，组织惯性显著负向影响合作结果，影响系数是M1（$\beta = -0.72$，$p < 0.001$），具有较好的解释力（$\Delta R^2 = 0.50$，$p < 0.001$）。

第三步，组织惯性中介变量对合作创新绩效、合作有效性因变量的影响。根据层次线性回归分析的结果可知，在控制组织规模、组织寿命、所处行业以及员工都参与项目数等变量的基础上，组织惯性显著负向影响合作结果，对合作创新绩效的影响系数是M13（$\beta = -0.790$，$p < 0.001$），对合作有效性的影响系数是M16（$\beta = -0.726$，$p < 0.001$），并且具有较好的解释力度（$\Delta R^2 = 0.60$，$p < 0.001$；$\Delta R^2 = 0.50$，$p < 0.001$），满足中介作用存在的条件。

第四步，将组织参与自变量和组织惯性同时代入回归方程，组织参与对创新绩效的影响系数由M12（$\beta = 0.73$，$p < 0.001$）降低为M14（$\beta = 0.26$，$p < 0.05$），并且具有较好的解释力度（$\Delta R^2 = 0.17$，$p < 0.001$），因此组织惯性在组织参与对创新绩效影响过程中扮演部分中介的效果。重复上述过程，将组织参与和组织惯性同时代入回归方程，组织参与对合作有效性的影响系数由M15（$\beta = 0.57$，$p < 0.001$）降低为M17（$\beta = 0.08$，$p = ns$），并且具有较好的解释力度（$\Delta R^2 = 0.20$，$p < 0.001$），因此组织惯性在组织参与对合作有效性影响过程中扮演完全中介的效果。H9－1、H9－2分别得证。

④双方匹配度对组织参与与组织惯性关系的调节作用检验。依循上述数据分析的方法和步骤，分析双方匹配度与组织参与交互项对组织惯性的影响，以下根据层次回归分析方法，逐步验证假设。

第一步，在回归方程中代入组织规模、组织寿命、所处行业以及员工参与项目数量等控制变量，模型M0回归结果显示控制变量对组织惯性的解释力较小，回归系数均未达到显著水平，说明控制变量对组织惯性的影响较弱。

第二步，代入组织参与变量，检验在控制组织特征情境下，组织参与自变量对组织惯性因变量的影响。根据层次线性回归分析的结果可知，在控制组织规模、组织寿命、所处行业以及员工都参与项目数等变量的基础上，组织参与显著负向影响组织惯性，影响系数 M1（$\beta=-0.726$，$p<0.001$），并且具有较好的解释力（$\Delta R^2=0.50$，$p<0.001$）。

第三步，在回归模型 M1 中进一步代入合作过程调节变量，在增加了双方匹配度变量后，层次线性回归结果显示模型 M4 对组织惯性的解释力为 73%，相较模型 M1 进一步提高（$\Delta R^2=0.20$，$p<0.01$）。

第四步，纳入调节变量和自变量交互项，以检验双方匹配度对组织参与和组织惯性关系的调节作用，在添加交互项后，模型 M5 对组织惯性的解释力达到 82%，较模型 M4 具有更高的解释力（$\Delta R^2=0.09$，$p<0.01$）。回归结果显示，组织参与和双方匹配度的交互效果达到显著水平，交互项回归系数为（$\beta=-0.25$，$p<0.05$）。H10 得证，双方匹配度在组织参与对组织惯性影响的调节效果图见图 5－1。

⑤合作过程对组织参与与组织惯性关系的调节作用检验。运用 SPSS22.0 软件进行多元层次回归分析以检验调节作用机制。具体过程包含 4 个环节：将控制变量代入回归方程；在包含控制变量基础上在回归方程中加入自变量；在包含控制变量和自变量的回归方程中加入调节变量；在包含控制变量、自变量与调节变量的回归方程中，代入调节变量和自变量的交互项。在每一步骤中，同样对回归系数、R^2 和 F 值等进行检验判断显著性。

第一步，在回归方程中代入组织规模、组织寿命、所处行业以及员工参与项目数量等控制变量，模型 M0 回归结果显示控制变量对组织惯性的解释力较小，回归系数均未达到显著水平，说明控制变量对组织惯性的影响较弱。

第二步，代入组织参与变量，检验在控制组织特征情境下，组织参与自变量对组织惯性因变量的影响。根据层次线性回归分析的结果可知，在控制组织规模、组织寿命、所处行业以及员工都参与项目数等变量的基础上，组织参与显著负向影响组织惯性，影响系数 M1（$\beta=-0.726$，$p<0.001$），并且具有较好的解释力（$\Delta R^2=0.50$，$p<0.001$）。

第三步，在回归模型 M1 中进一步代入合作过程调节变量，在增加了合作过程变量后，层次线性回归结果显示模型 M2 对组织惯性的解释力为 69%，相较模型 M1 进一步提高（$\Delta R^2=0.16$，$p<0.001$）。

第四步，纳入调节变量和自变量交互项，以检验合作过程对组织参与和组织惯性关系的调节作用，在添加交互项后，模型 M3 对组织惯性的解释力达到 80%，较模型 M2 具有更高的解释力（$\Delta R^2=0.10$，$p<0.01$）。回归结果显示，组织参与与合作过程的交互效果达到显著水平，交互项回归系数为（$\beta=-0.33$，$p<0.01$），H11 得证。合作过程在组织参与对组织惯性影响的调节效果见图 5-2。

⑥组织参与、双方匹配度以及合作过程对组织惯性的三重调节作用检验。依循上述数据分析的方法和步骤，分析双方匹配度、合作过程与组织参与对组织惯性的三重调节作用，根据层次回归分析方法，逐步验证假设。

第一步，在回归方程中代入组织规模、组织寿命、所处行业以及员工参与项目数量等控制变量，模型 M0 回归结果显示控制变量对组织惯性的解释力较小，回归系数均未达到显著水平，说明控制变量对组织惯性的影响较弱。

第二步，进一步代入组织参与自变量以及双方匹配度以及合作过程调节变量，检验在控制组织特征情境下，组织参与、双方匹配度以及合作过程对组织惯性因变量的影响。根据层次线性回归分析的结果可知，在控制组织规模、组织寿命、所处行业以及员工都参与项目数等变量的基础上，模型M8对组织惯性解释力达到74%，较模型M0有更高的解释力（$\Delta R^2=0.70$，$p<0.001$）。回归结果显示，组织参与负向影响组织惯性，影响系数为（$\beta=-0.29$，$p<0.01$）；双方匹配度负向影响组织惯性，影响系数为（$\beta=-0.47$，$p<0.01$）；合作过程对组织惯性的影响系数不显著，为（$\beta=-0.16$，$p=ns$）。

第三步，纳入调节变量和自变量交互项，检验组织参与和合作过程、组织参与和双方匹配度以及合作过程和双方匹配度交互项对组织惯性的调节影响，在添加交互向后，模型M9对组织惯性解释力达到75%，较模型M8并未呈现更高的解释力（$\Delta R^2=0.01$，$p=ns$）。回归结果显示，组织参与和合作过程的交互效果达到显著水平，回归系数为（$\beta=-0.31$，$p<0.05$）；组织参与和双方匹配度以及合作过程和双方匹配度交互项未达到显著水平，回归系数分别为（$\beta=0.03$，$p=ns$）、（$\beta=0.02$，$p=ns$）。

第四步，纳入组织参与和双方匹配度、合作过程因素交互项，以检验组织参与和双方匹配度、合作过程因素三维交互的作用，在添加交互项后，模型M10对组织惯性的解释力达到82%，较模型M9具有更高的解释力（$\Delta R^2=0.07$，$p<0.01$）。回归结果显示，组织参与和双方匹配度、合作过程因素三维交互对组织惯性的影响系数为M10（$\beta=-0.25$，$p<0.05$），H12得证，组织参与和双方匹配度、合作过程因素对组织惯性影响的三维交互效果见图5－3、图5－4。

表 5－33　总维度对组织惯性、创新绩效效果检验

	组织惯性											创新绩效			合作有效性				
控制变量	M0	M1	M2	M3	M4	M5	M6	M7	M8	M9	M10	M11	M12	M13	M14	M15	M15	M16	M17
规模	0.10	-0.00	0.11	0.12	0.11	0.12	0.18*	0.20*	0.12	0.14	0.14	-0.12	-0.02	-0.04	-0.02	0.03	0.11	0.10	0.11
寿命	-0.04	0.04	0.05	0.05	0.03	0.03	0.03	0.02	0.04	0.05	0.05	-0.00	-0.09	-0.04	-0.06	0.11	0.03	0.07	0.06
产业	0.16	0.11	0.03	0.04	0.08	0.08	0.04	0.04	0.06	0.06	0.05	-0.13	-0.09	-0.00	-0.02	-0.08	-0.05	0.03	0.02
参与	-0.03	0.07	-0.00	-0.00	-0.03	-0.03	-0.07	-0.06	-0.03	-0.03	-0.02	0.14	0.04	0.12	0.08	-0.04	-0.13	-0.07	-0.08
自变量																			
Zzcy		-0.72***	-0.26*	-0.26*	-0.34***	-0.34***			-0.29**	-0.16	-0.20		0.70***		0.26*		0.57***		0.08
Hzgc			-0.61***	-0.50**			-0.42*	-0.42*	-0.16	-0.16	-0.06								
Xgx					-0.58***	-0.47**	-0.43*	-0.41*	-0.47**	-0.40*	-0.50**								
Zzgx														-0.79***	-0.60***			-0.72***	-0.66***
交互项																			
Zzcy × hzgc				-0.33**						-0.31*	-0.00								
Zzcy × xgx						-0.25*				0.03	-0.31								
Hzgc × xgx								-0.18		0.02	-0.16								
三维交互																			
Zzcy × hzgc × xgx											-0.25*								
R^2	0.03	0.53	0.69	0.80	0.73	0.82	0.70	0.74	0.74	0.75	0.82	0.05	0.52	0.65	0.69	0.01	0.32	0.52	0.52
ΔR^2	0.03	0.50***	0.16***	0.10**	0.20**	0.09**	0.66***	0.03	0.70***	0.01	0.07*	0.05	0.46***	0.60***	0.16***	0.01	0.30***	0.50***	0.20***
ΔF	0.55	61.82***	60.837***	0.16**	74.21***	0.11**	62.98***	1.16	49.56	0.99	1.49	0.88	55.96***	100.53***	30.18***	0.23	25.81***	60.79***	24.21***

注：Zzcy 表示组织参与；Hzgc 表示合作过程；Xgx 表示双方匹配度；Zzgx 表示组织惯性。*** 表示 $P<0.001$，** 表示 $P<0.01$，* 表示 $P<0.05$。

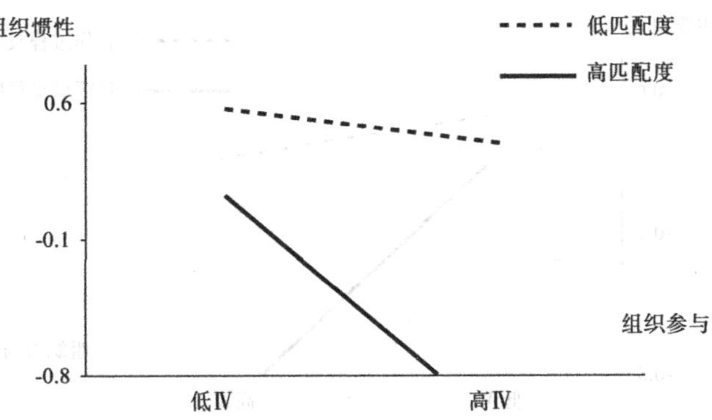

图 5－1 双方合作匹配度调节示意图

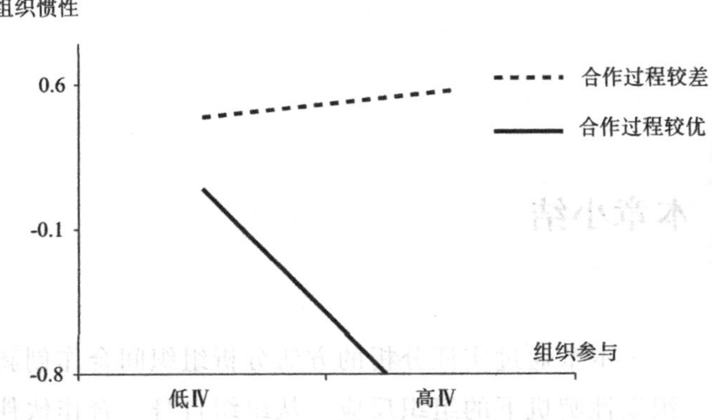

图 5－2 合作过程调节示意图

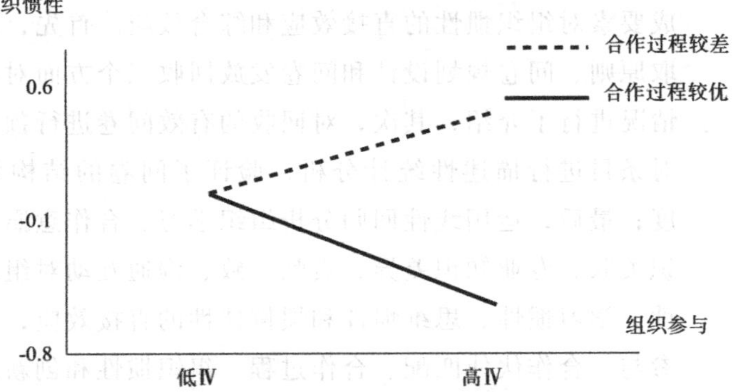

图 5－3 匹配度较低情况下合作过程调节示意图

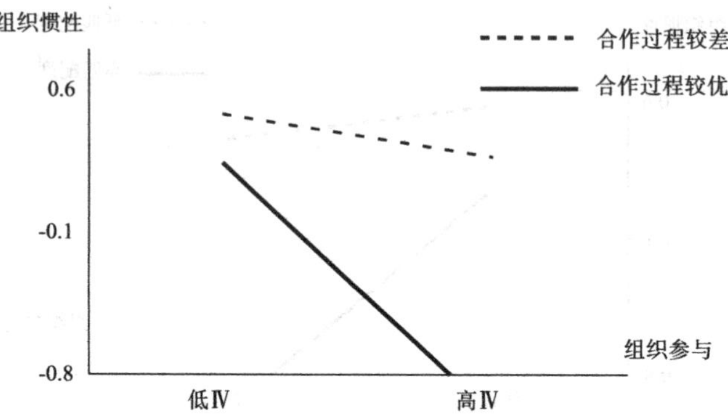

图 5－4 匹配度较高情况下合作过程调节示意图

5.5 本章小结

本章通过实证分析的方法分析组织间合作创新为挑战组织惯性契机下的组织反应。从组织自身、合作伙伴、合作过程、组织惯性和创新绩效五个维度出发，分别研究了各项构成要素对组织惯性的直接效应和综合效应。首先，从样本选取原则、问卷规划设计和问卷发放回收三个方面对数据来源情况进行了介绍；其次，对回收的有效问卷进行预处理，并对条目进行描述性统计分析，验证了问卷的结构效度和信度；最后，运用线性回归分析组织学习、合作意愿、基础知识关联、专业知识差异、贡献一致、沟通互动对组织资源惯性、学习惯性、思维惯性和惯例惯性的直接效应，以及组织参与、合作伙伴匹配、合作过程、组织惯性和创新绩效综合效应的分析，验证了所构建的假设，完善了概念模型，深入分析了通过项目消除组织惯性的相互作用以及影响因素的作

用路径（见表 5 - 34）。

表 5 - 34　本章节研究假设验证结果

研究假设	假设内容	验证结果
假设 1	H1 - 1：组织合作意愿显著负向影响组织思维惯性	支持
	H1 - 2：组织合作意愿显著负向影响组织学习惯性	支持
	H1 - 3：组织合作意愿显著负向影响组织资源惯性	支持
	H1 - 4：组织合作意愿显著负向影响组织惯例惯性	支持
假设 2	H2 - 1：组织学习显著负向影响组织思维惯性	支持
	H2 - 2：组织学习显著负向影响组织学习惯性	支持
	H2 - 3：组织学习显著负向影响组织资源惯性	不支持
	H2 - 4：组织学习显著负向影响组织惯例惯性	不支持
假设 3	H3 - 1：双方基础知识关联显著负向影响组织思维惯性	不支持
	H3 - 2：双方基础知识关联显著负向影响组织学习惯性	不支持
	H3 - 3：双方基础知识关联显著负向影响组织资源惯性	支持
	H3 - 4：双方基础知识关联显著负向影响组织惯例惯性	支持
假设 4	H4 - 1：双方专业知识差异显著负向影响组织思维惯性	支持
	H4 - 2：双方专业知识差异显著负向影响组织学习惯性	支持
	H4 - 3：双方专业知识差异显著负向影响组织资源惯性	不支持
	H4 - 4：双方专业知识差异显著负向影响组织惯例惯性	不支持
假设 5	H5 - 1：组织间贡献一致显著负向影响思维惯性	不支持
	H5 - 2：组织间贡献一致显著负向影响学习惯性	支持
	H5 - 3：组织间贡献一致显著负向影响资源惯性	支持
	H5 - 4：组织间贡献一致显著负向影响惯例惯性	不支持
假设 6	H6 - 1：组织间沟通显著负向影响思维惯性	支持
	H6 - 2：组织间沟通显著负向影响学习惯性	支持
	H6 - 3：组织间沟通显著负向影响资源惯性	支持
	H6 - 4：组织间沟通显著负向影响惯例惯性	支持
假设 7	H7 - 1：组织参与正向影响合作创新绩效	支持
	H7 - 2：组织参与正向影响合作有效性	支持

续表

研究假设	假设内容	验证结果
假设 8	H8－1：组织惯性显著负向影响合作创新绩效	支持
	H8－2：组织惯性显著负向影响合作有效性	支持
假设 9	H9－1：组织惯性中介组织参与正向影响合作创新绩效	支持
	H9－2：组织惯性中介组织参与正向影响合作有效性的过程	支持
假设 10	组织参与和双方匹配度的调节显著负向影响组织惯性	支持
假设 11	组织参与和合作过程的调节显著负向影响组织惯性	支持
假设 12	组织参与和双方匹配度、合作过程因素三维交互显著负向影响组织惯性	支持

第 6 章 研究结论与研究展望

通过前面章节的探讨，本书针对开放式创新情境下组织惯性维度、影响因素以及对合作创新绩效的作用机制进行了较为系统、深入的研究分析和论证。在这一部分，首先对本书的结论进行总结和归纳，阐明本书的主要结论；其次根据相关结论提炼本书的理论贡献和实践启示；最后对本书存在的局限和不足进行说明，并指出未来的研究方向。

6.1 研究结论

“动荡年代最大的危险不是动荡本身，而是仍然用过去的逻辑做事。”德鲁克这句经典名言警醒我们，向变化和竞争挑战之前，需要审视和刷新我们的惯性逻辑。本书首先针对“开放式创新情境组织惯性及其干预机制提升合作创新绩效”这一基本研究命题，通过文献分析，在深度研读和融合组织惯性理论、组织创新和开放式创新等理论基础上，通过扎根理论方法凝炼开放式创新情境组织惯性的内涵、属性和结构表征；其次，构建了“组织参与—组织惯性—合作创新绩效”的研究脉络，并且综合考虑组织间匹配度和合作过程因素等调节作用的研究模型；最后，运用 SPSS 和 AMOS 等梳理统计软件，选取本土企业 139 个组织 377 个个体样本进行大样本统计通过结构方程模型、层级回归分析等方法对假设进行验证，得出了以下主要结论：

结论一：组织惯性是包括思维惯性、学习惯性、资源惯性和惯例惯性四个子维度的多维构念。

组织惯性类似于组织基因指导组织行为，却未能引起足够的重视，明确组织惯性的内涵和维度成为该研究领域首要破解的难题。本书在全面总结相关文献研究基础上，应用扎根理论的方法对组织惯性的内涵以及构成要素进行了探索性研究，以 24 家导入开放式创新实践的企业原型为样本，通过半结构化访谈和焦点问题小组讨论搜集完整的现场数据信息，经过开放式译码、主轴译码和选择是译码等三级译码过程从原始资料中探索性地抽取组织惯性的特征要素，基于 37 个正式范畴和 117 个初步概念识别组织惯性结构特征包含思维惯性、学习惯性、资源惯性和惯例惯性四个主范畴的维度模型。

组织惯性呈现强烈的情境依赖性（context dependent），本书在充分借鉴既有国内外相关研究的基础上通过扎根理论研究较为系统、具体地明晰了开放式创新情境组织惯性的概念，深化组织惯性维度体系，为该领域的深入研究奠定基础，一扫研究领域对组织惯性的诠释和探讨仅停留在抽象层面的缺陷，既是对组织惯性研究的集成，又拓展并深化了组织惯性概念的认识。

结论二：跨越组织边界合作创新因素对组织惯性各子维度差异性作用效果。

本书基于理论模型的实证表明，组织合作创新主体因素、双方匹配因素以及合作过程的因素对组织惯性四个维度产生不同的影响。影响效果上，组织合作意愿负向影响到包含资源惯性（$\beta = -0.32$，$p<0.01$）、惯例惯性（$\beta = -0.31$，$p<0.05$）、学习惯性（$\beta = -0.47$，$p<0.001$）、思维惯性（$\beta = -0.38$，$p<0.01$）在内所有维度；沟通交流影响到组织资源惯性（$\beta = -0.40$，$p<0.01$）、惯例惯性（$\beta = -0.35$，$p<0.05$）、学习惯性（$\beta = -0.33$，$p<0.05$）以及思维惯性（$\beta = -0.39$，$p<0.01$）所有维度。组织学习、基础知识相关、专业知识差异和贡献一致各影响到2个维度。组织学习与学习惯性（$\beta = -0.31$，$p<0.05$）、思维惯性（$\beta = -0.35$，$p<0.05$）；基础知识相关与资源惯性（$\beta = -0.31$，$p<0.05$）、惯例惯性（$\beta = -0.36$，$p<0.01$）；专业知识差异与学习惯性（$\beta = -0.40$，$p<0.01$）、思维惯性（$\beta = -0.37$，$p<0.01$）；贡献一致与惯例惯性（$\beta = -0.43$，$p<0.01$），与学习惯性（$\beta = -0.44$，$p<0.01$）。

这一结果表明合作创新因素对组织惯性各子维度有着不一样的地位和作用。其中组织高密度的合作意愿显著影响组织惯性各个维度、沟通交流同样显著降低组织惯性各个维度。上述分析结果并未支持组织学习对资源惯性和惯例惯性、基础知识相关对思维惯性和学习惯性、专业知识差异对资源惯性和惯例惯性以及贡献一致对思维和惯例惯性的影响。组织学习和差异性专业知识是带来和提升组织长期适应能力的过程，战略学派学者 Anderson 等（2009）、Covin 等（2006）和 Mueller 等（2012）都强调更是强调组织学习和异质性知识共同构建组织战略学习的核心维度，同样是组织培育长期持续性和突破性创新的关键。可能由于组织内化、吸收和利用环节未能充分挖掘组织学习和异质性知识的价值，也可能是横截面数据未能真实刻画这一过程，导致组织学习和差异性专业知识对组织惯性的影响不显著。高度相关的基础性知识虽然有利于传播、诠释以及运用，但是竞争性和互补性缺失未能有效地冲击思维和学习。贡献一致未能对思维惯性和惯例惯性产生影响，原因可能在于作为机会主义防范机制的贡献一致更显著提升组织间学习效果以及资源真实性感知。胡爱军和王石磊（2016）研究发现贡献一致承担甄别机会主义行为的功能[95]，Kane（2005）发现贡献失衡感受使得被剥削方采取反制，敌对和冲突严重影响学习效果和学习成本[127]，Carayanni（25）则发现贡献失衡影响交互资源的真实性感知，主观降低交互资源价值[188]。

本书首先颠覆组织惯性不可逆转自我强化趋势的认识。开放式创新情境有效杜绝传统知识和经验在新环境移植与应用，扭转了组织倾向于在现有知识基础、资产以及以往问题解决方法、现行商业模式获得启发的惯性偏好，为最大化的获取组织创新绩效和合作有效性提供保障。其次，传统研究基于认知隐性复杂过程识别组织惯性演化机制，如心理活动和组织认知与组织惯性形成、落地关系。本书基于行为视角回应了组织是否能够有效规避或干预组织惯性实现持续成长问题，与魏龙等（2021）和 Dittrich（2016）等强调的形成有效的互动关系是突破惯性复制困境、驱动组织惯性演化关键的论断相契合。最后，弥补以往研究单维度测量组织惯性，难以刻画其真实水平以及模糊干预效果的短板。本书将组织惯性划分为四个维度，并从理论上对合作创新与不同维

度组织惯性的关系进行逻辑构建，进而通过实证分析进行检验，更深层次地理解“合作创新干预组织惯性路径和机制”。

结论三：组织参与对合作创新绩效有显著促进作用。

本书基于理论模型的实证表明，组织参与影响到合作创新绩效（$\beta = 0.703$，$p < 0.001$），对合作有效性的影响（$\beta = 0.570$，$p < 0.001$）。获取关键知识、原理式知识和能力是组织间合作的诱因，组织间合作帮助企业发展提升竞争优势，改善参与者的战略。开放式创新时代到来使得组织聚焦注意力从内部视角转向外部和边缘，组织通过契约关系、缔结合作网络或社会关系，与企业、大学、科研机构、中介机构和政府联结搭建协同创新网络，购买专利、技术所有权、投资参与研究机构的项目、成立研究联盟或合资企业。本书突破以往研究成果强调组织内部创新动力不足的认识，发现组织内生性参与构建并利用组织间合作关系专用资产、知识分享惯例、资源能力的补充、高效的实物典范等竞争优势应对超出个自身能力之外的创新难题和任务。

结论四：组织惯性对合作创新绩效具有显著消极遏制作用。

当前，组织惯性对创新绩效的影响尚未达成共识，探明两者之间的关系是该领域研究需要面对的问题。本书基于理论模型的实证表明，组织惯性对合作创新绩效的影响系数为（$\beta = -0.790$，$p < 0.001$），对合作有效性的影响系数为（$\beta = -0.726$，$p < 0.001$）。组织惯性引起路径依赖并对变革的必要性加以否定，当前惯例、资本以及战略的过分倚重加强既有技术和路径自增持特性，影响到组织技术的应用和调整，牵制变革型、能力破坏型创新的酝酿和执行。

创新类型和实践层出不穷效果却良莠不齐，过程视角、适配视角、系统创新视角和全面创新难以揭示这一困境的根源。本书发现组织创新是深入组织惯性的复杂工程，与林海芬等（2017）强调组织创新体现组织管理理念、方法或程序的一种持续内生性状态，Daneshvar 等强调创新需要改变组织规则、流程、程序和制度等要素相一致，组织创新特别是根本性创新需要颠覆组织惯性，难度可见一斑。

结论五：组织参与通过影响组织惯性进而作用于合作创新绩效。

本书基于理论模型的实证表明，组织惯性在组织参与对创新绩效过程中扮演部分中介的效果，当组织参与和组织惯性同时代入回归方程，组织参与对创新绩效的影响系数由（$\beta = 0.73$，$p < 0.001$）降低为（$\beta = 0.266$，$p < 0.05$）。组织惯性在组织参与对合作有效性过程中扮演完全中介，当组织参与和组织惯性同时代入回归方程，组织参与对合作有效性的影响系数由（$\beta = 0.570$，$p < 0.001$）降低为（$\beta = 0.085$，$p = ns$）。

传统组织创新理论强调组织创新旨在迎合动态环境，故而组织创新逻辑为环境波动驱使组织创新，进而颠覆性调整组织惯性，但是低效的创新实践暗示该逻辑未能真正揭示创新的响应顺序。本书对组织惯性影响合作创新绩效的过程机制做出了崭新的系统性阐述，组织创新并非是外部环境直接唤醒的独立事件，更是关于组织惯性干预和演化的复杂行为，印证了林海芬等（2017）基于组织惯性理论提出的环境波动导致组织惯性调整，继而实现组织创新的论断。

结论六：组织参与和双方匹配度调节效应有效干预组织惯性。

本书将组织参与与双方匹配度的交互影响引入组织惯性干预模型，结果发现双方匹配度对组织参与对组织惯性有显著的正向调节作用，影响系数为（$\beta = -0.25$，$p < 0.05$）。研究结论与 Hastbacka（2004）一方面基于互惠共生理论主

张兼容性、补充性、拥趸、通俗的术语、突破内部约束、顾客群和对创新的明文规定是开放式创新关键的论断不谋而合。他们认为组织间合作的本质是享有相容性的目标，本着互惠互利和相互依存原则的独立组织构建的战略关系[246]。另一方面研究发现内外部要素相结合是干预组织惯性有效的策略，超越 Feldman 和 Pentland（2003）的主张。他们认为外生要素并非招致非典型性行动范式的关键，组织经验、认知和动机等内生要素是组织惯性迭代的根源。合作组织积极参与且双方匹配度越高越能有效地降低组织惯性，即技术和资源互补、规模互补、伙伴间政策以及管理团队的兼容性影响到参与组织干预自身惯性的有效性和积极性，从合作前端伙伴选择策略深化了组织惯性干预机制的理解。

结论七：组织参与和合作过程调节效应有效干预组织惯性。

本书基于理论模型的实证表明，组织参与和合作过程的调节对组织惯性的影响系数为（$\beta = -0.33$，$p < 0.01$）。组织间合作赋予组织探索价值创新渠道、快速资源整合方式以及降低资源依赖等干预组织惯性的可能，但是利益冲突同样使合作关系向竞争关系转变，熊彼特的钻石模型认为同行企业、供应商和用户都是潜在竞争对手，开放式创新情境利益相关者之间竞合关系，管理、控制活动的范围从组织内部延展到外部。曹勇和向阳（2011）认为，开放式创新系统需要更多的协调机制，如资源流动需要激励机制的引导和规范[247]。组织惯性并非固化，而是与合作伙伴的互动行为共同演化，从合作中端深化了组织惯性干预机制的理解。

结论八：组织参与和双方匹配度、合作过程三维交互对组织惯性的影响。

本书基于理论模型的实证表明，组织参与和双方匹配度、合作过程因素三维交互对组织惯性的影响系数为（$\beta =$

-0.25, $p<0.05$)。整体研究范式警醒我们需要对组织所处情境条件保持足够的重视，追溯情境效应方能保障研究结论的效度和解释力，因此在文献研习和实践调研基础上本书引入双方匹配度和合作过程因素作为情景变量，细致探究两者共同作用于组织参与对组织惯性的调节效应。匹配度越高合作过程越顺畅，统筹局部和全局利益以及协调统一理解和观点就会相对容易，避免利己行为并发挥信任和沟通解决知识退化、创新不足和结构僵化[248]。多个情景视角综合检视组织参与对组织惯性的差异性影响，回答了“为什么组织参与并不总能有效地干预组织惯性，什么形态的组织参与方可以有效地干预组织惯性”这一难题，深化了组织惯性更新机制的理解。

本书对实践工作有许多启示。

启示一：充分认识组织惯性的内容。

现有研究成果强调组织通过构建动态能力达成或维持竞争优势，凭借竞争力杠杆作用（competence leveraging）开发现有能力并在此基础上作为发展新能力的基石，但是济转型、产业升级、组织变革等实践步履维艰，管理者常常关注组织实践的表现，未能真正了解组织实践背后组织惯性的力量。因此，组织面临路径依赖、思维定势以及技术轨迹等挑战，管理者应该聚焦组织惯性深层次识别障因，继而有效地提出干预路径。

启示二：主动融入开放式创新实践。

冲破组织封闭式创新逻辑、扬弃组织墨守成规的经营哲学，特别是丢弃组织边界不可逾越、画地为牢的陈腐观念和过度保护意识，是组织拥抱开放式创新一小步也是最重要的一步。创新驱动迫使组织在创新的各个阶段寻求合作，一方面，开放式创新情境和任务的奇特性导致创新的条件变化、创新流程和配置的调整、创新环节逻辑顺序变更以及内容的更迭迫使组织进阶问题解决能力和思考方式。另一方面，组织通过合作创新、联盟创新、产学研结合、用户创新、网络创新等创新资源或创新哲学跨越组织边界流通和融合，借助组织学习和资源机会等机制识别外部介入元素（interventional elements），运用组织间协调能力等策略杠杆（strategic leverage）维系并保持可持续竞争优势。

启示三：正确认识并积极干预组织惯性。

组织惯性即是组织创新的关键，同时也是制约因素。创新驱动战略下管理者热烈地关注组织创新却未能窥探组织创新背后组织惯性的指导逻辑。开放情境打破组织边界、行业边界、地域边界甚至时空边界等创新障碍，为最大限度发挥组织惯性效能，一方面凭借组织间合作获取、释放、整合和重构组织内外资源、技术和能力破解创新资源匮乏、创新手段不健全、技术成果转化困难以及创新成果管理困难等创新瓶颈。另一方面淘汰效果不佳的惯性，并在实践中形成不断循环动态的惯性与环境动态适配，兼顾组织创新和技术变革和推进的灵活与组织长期持续发展的要求。但是组织惯性频繁地干预使组织失去目标和计划性，在干预组织惯性同时把握好尺度尽可能保障高效和稳定运营。

启示四：基于互惠共生原则寻找合作伙伴。

开放式创新情境组织构建并嵌入创新生态凭借弹性专业化资本（flexible specialization）寻找专有性资源耦合机会突破创新资源和经验匮乏困境。开放式创新情境系统中组织基于互补、兼容、风险对称、公平性以及网络嵌入性、合伙人特征—技术特征—关系特征选取合作成员，深度搜索和优化现有资源配置实现资源柔性和协调柔性最大适配。此外，由于信息不对称，组织搜寻合作伙伴是不断试错的过程并且耗费一定成本。组织购买专利、获取技术所有权，投资参与研究机构的项目、成立研究联盟和成立合资公司过程，应有意识营造长期信誉和承诺增进合作声誉和美誉，降低不确定性市场带来的搜索成本、协调成本和风险成本，但是组织同样要加快“以外为主”到“以我为主”的重心转移过程，优秀的组织在合作过程中的行为选择并非低质量的模仿或跟随，而是持续进化升级的过程，组织利用合作过程优化自身竞争力和适应力。

启示五：关注合作过程对组织惯性的影响。

企业间合作构建竞争优势、获取和应用新技术、开发现有规模经济以及分担风险和不确定性，帮助资源不足企业开拓施展拳脚的空间。然而，突破发展瓶颈的组织间合作不是一蹴而就的过程，从组织间合作类型、各方的责任与义务、权益分配，到资源投入、人员调配以及在合作过程中的机会主义行为和搭便车的防范和解决，信任和集体认同都是合作创新成功路上的拦路虎。在强调声誉、关系和经验在合作治理机制重要性同时，也应该充分认识沟通机制和信息交换机制在资源配置、资源搜索和互相调试的重要性，实时动态地降低机会行为和公地悲剧实现创新要素之间的互动、整合与协同。

启示六：重视组织惯性在组织创新的桥梁作用。

中国作为新兴经济体，组织创新能力仍旧薄弱，凭借开放式创新模式跨越组织边界综合外部资源重塑自身创新能力迎接复杂多变的国际经形式，同样是中国经济向高质量发展阶段迈进的关键。尽管组织创新形式和内容层出不穷，但是大量组织创新规模和影响差强人意。“创新需要颠覆普遍接受的正统认知；论及守成，组织则需要具备挑战自身信念的雅量……组织为创造未来，需要具备舍弃以往羁绊的胆量，至少部分舍弃”[249]。组织创新也是组织惯性搜索、变异和选择过程，精准识别惯性并针对性地调和惯性定义的稳定与实施呼吁的革新之间的张力，实现速度更快、成本更低和收益更高的创新。

6.2 研究不足与展望

本书探讨了开放式创新背景下组织惯性作用机制以及影响因素等问题。在理论上丰富了既有研究，也为我国企业管理者提供了一些实践启示。但和所有的研究一样，本书仍然存在一些局限性，需要在未来的研究中进一步的完善和充实。

第一，模型测量数据的采集可以跨时间设计。由于笔者本身时间和精力所限，本书采用的是横截面（cross - section）的研究设计，而横截面数据在变量间因果关系的检验上存在一定的局限。组织合作下组织参与通过组织惯性影响组织间合作绩效的影响过程需要一定的时间，尽管本书的研究结果与理论假设大体相一致，但是跨截面设计也可能出现其他的研究结论。因此，未来的研究可以采取纵向的研究设计（longitudinal），即在收集相关前因及中介变量（如组织参与、组织惯性、组织间匹配以及合作创新过程）的数据之后间隔一段时间，再测量结果变量（如创新绩效和创新有效性等）。这将会使得相关变量之间的因果关系更具说服力。

第二，需要避免社会赞许性（social desirability）的影响。所谓社会赞许性为是被调查者的一种反应偏差，指某一行为是社会一般人所希望、期待、接受的。大多数人越喜欢的行为，其社会赞许性也越高。虽然本书在数据搜集中尽力做到对社会赞许性影响的控制，而且本书的实证研究结果与大部分理论假设基本一致，但仅仅事前控制还难以完全规避社会赞许性的影响。所以未来研究可以结合事后控制技术，如协变量技术（covariate techniques）或者直接测量社会赞许性程度进行分数的校正等，来进一步控制社会赞许性的影响。

第三，研究视角的扩展。本书的研究视角聚焦于组织层次，忽视员工个体惯性打破的影响机制。发展机会、教育程度决定参与变革行为个体行为。未来对个体层面惯性的研究可按照心理和行为反应链进行。基于实践和经验的个体知识，组织原理知识未能对个体工作技能进行编码或捕捉，员工或会捍卫自身知识资源。同时，管理者、执行官以及蓝领的离职对组织造成损失，短时间内寻找胜任、合格的候补人员耗费的时间以及财力，增加组织变革的阻力，妥协于组织现状固守。个体往往感知到威胁而采取防御性反应，这出于员工被动自我保护的动机；而员工凭借自身专业知识进行的主动性博弈，迫使组织维持现状，拖缓组织变革的步骤。基于员工自我保护动机导致的组织惯性，可运用心理建设派提出改变心智模式降低或者消除变革的阻力。首先，心智模式构建，在系统模型基础上阐明构建假设；其次，心智模式质疑，识别假设冲突内容；最后，心智模式改进，即心智模式的不断扩展和实验，凭此解决问题、捕捉知识、讨论并达成共识。员工主动性博弈则需要组织降低关键员工博弈的砝码或增强企业自身在博弈过程中的控制权，可以通过整体培训，增加每一位员工专业性来相对降低关键员工的话语权，改善组织被动的状态。

第四，关注任务特质的影响。不同任务特质影响到参与者的主观感受以及投入，最终影响到组织惯性打破活动的过程和效果。危险感知下活动主体呈现截然不同的反应：一方面促进、刺激反应以打破当前困局；另一方面限制、约束应激性，凝聚最大的精力和财力于自身最擅长的活动当中，任务紧迫性降低备选方案以及过分专注于原先习得的惯例。Gilbert（2005）面临数字出版技术的挑战，对8家报纸的纵向研究发现危险感知对资源式僵化和惯例式僵化呈现不同的反应。危机感知下活动主体增加了资源量和种类，却依然遵守着以往资源运用的组织流程[7]。如何发挥不同任务特质下的正向作用并降低消极影响是组织应该注意的问题。如将组织情绪能力作为消除组织惯性的资源，加强组织惯性打破活动的适宜性和必要性，使参与者支持而非抵制变革活动，管理者可以阐述打破组织惯性目的说明，在组织惯性打破初期最大化拉拢、统一支持者，而后详尽的阐述变革规则。

第五，组织间合作产生的惯性。组织合作研究聚焦组织先前合作经验对知识创造以及合作绩效的影响，但不幸的是组织合作经验的引导效力是组织惯性的重要因素，共同专业化、联合基础措施和标准以及其他外部因素带来的便利，由超出转向相等甚至小于合作管理和维持的成本。存储行动的交互结构或相互关联塑造凝聚力，开放式创新情境下的组织倾向于有过合作经验的组织结盟[250]，重复交易下衍生共生性的知识以及社会关系，增加信任以及降低交易成本，加强未来关系巩固的可能性，同样隐藏着集聚优势丧失、以及资源溢出、技术转移和学习效果折损风险，未来研究可以深入挖掘合作悖论产生与演化的路径和机理。

参考文献

[1] Louçã, F. and S. Mendonça. Steady Change: The 200 largest US manufacturing firms throughout the 20th century [J]. *Industrial and Corporate Change*, 2002, 11 (4): 817 - 845.

[2] Foster, R. and S. Kaplan. *Creative Destruction: Why Companies That Are Built to Last Underperform the Market and How to Successfully Transform Them* [M]. New York: Currency, Doubleday, 2001.

[3] Wiggins, R. R. and T. W. Ruefli. Sustained Competitive Advantage: Temporal dynamics and the incidence and persistence of superior economic performance [J]. *Organization Science*, 2002, 13 (1): 81 - 105.

[4] Chandler, A. D., T. Hikino, and A. D. Chandler. *Scale and Scope: The Dynamics of Industrial Capitalism* [M]. Harvard University Press, 2009.

[5] O'Reilly Ⅲ, C. A. and M. L. Tushman. Ambidexterity as a Dynamic Capability: Resolving the innovator's dilemma [J]. *Research in Organizational Behavior*, 2008 (28): 185 - 206.

[6] Rothmann, W. and J. Koch. Creativity in Strategic Lock - ins: The newspaper industry and the digital revolution [J]. *Technological Forecasting and Social Change*, 2014, 83 (3): 66 - 83.

[7] Gilbert, C. G. Unbundling the Structure of Inertia: Resource versus routine rigidity [J]. *Academy of Management Journal*, 2005, 48 (5): 741 - 763.

[8] Greenwood, J., Z. Hercowitz, and G. W. Huffman. Investment, Capacity Utilization, and the Real Business Cycle [J]. *The American Economic Review*, 1988: 402 - 417.

[9] Greenwood, R., et al. *The SAGE Handbook of Organizational Institutionalism* [M]. Sage, 2017.

[10] Doz, Y., et al. *Control, Change and Flexibility: The dilemma of transnational collaboration* [M]. Routledge, 2017: 349 - 375.

[11] Helfat, C. E. and M. A. Peteraf. The Dynamic Resource - Based view: Capability lifecycles [J]. *Strategic Management Journal*, 2003, 24 (10): 997 - 1010.

[12] Carroll, G. R. and J. R. Harrison. On the historical efficiency of competition between organizational populations [J]. *American Journal of Sociology*, 1994. 100 (3): 720 - 749.

[13] Weick, K. E. and R. E. Quinn. Organizational Change and Development [J]. *Annual Review of Psychology*, 1999, 50 (1): 361 - 386.

[14] Kaplan, S. and R. Henderson. Inertia and Incentives: Bridging organizational economics and organizational theory [J]. *Organization Science*, 2005, 16 (5): 509 - 521.

[15] Gersick, C. J. and J. R. Hackman. Habitual Routines in Task - performing Groups [J]. *Organizational Behavior and Human Decision Processes*, 1990, 47 (1): 65 - 97.

[16] Hardy, C., N. Phillips, and T. B. Lawrence. Resources, Knowledge and Influence: The organizational effects of interorganizational collaboration [J]. *Journal of Management Studies*, 2003, 40 (2): 321 - 347.

[17] Yayavaram, S. and W. R. Chen. Changes in Firm Knowledge Couplings and Firm Innovation Performance: The moderating role of technological complexity [J]. *Strategic Management Journal*, 2015, 36 (3): 377 - 396.

[18] Hannan, M. T. and J. Freeman. Structural Inertia and Organiza-

tional Change [J]. *American Sociological Review*, 1984, 49 (2): 149 -164.

[19] Huff, J. O., A. S. Huff, and H. Thomas. Strategic Renewal and the Interaction of Cumulative Stress and Inertia [J]. *Strategic Management Journal*, 1992, 13 (S1): 55 -75.

[20] Gresov, C., H. A. Haveman, and T. A. Oliva. Organizational Design, Inertia and the Dynamics of Competitive Response [J]. *Organization Science*, 1993, 4 (2): 181 -208.

[21] Tushman, M. L., B. Virany, and E. Romanelli. Executive Succession, Strategic Reorientations, and Organization Evolution: The minicomputer industry as a case in point [J]. *Technology in Society*, 1985, 7 (2): 297 -313.

[22] Buchanan, D. and R. Badham. Politics and Organizational Change: The lived experience [J]. *Human Relations*, 1999, 52 (5): 609 -629.

[23] Louis, M. R. and R. I. Sutton. Switching Cognitive Gears: From habits of mind to active thinking [J]. *Human relations*, 1991, 44 (1): 55 -76.

[24] Bruderer, E. and J. V. Singh. Organizational Evolution, Learning, and Selection: A genetic - algorithm - based model [J]. *Academy of Management Journal*, 1996, 39 (5): 1322 -1349.

[25] Feldman, M. S. and B. T. Pentland. Reconceptualizing Organizational Routines as a Source of Flexibility and Change [J]. *Administrative Science Quarterly*, 2003, 48 (1): 94 -118.

[26] 丁德明，茅宁，廖飞．组织惯性、激励机制与新型企业的治理实践 [J]. 经济管理，2007 (5): 39 -43.

[27] 陈锟．创新者窘境形成机制及对策研究 [J]. 科研管理，2010 (2): 65 -73.

[28] Garud, R. and M. A. Rappa. A Socio - cognitive Model of Technology Evolution: The case of cochlear implants [J]. *Organization science*,

1994, 5 (3): 344 - 362.

[29] 简泽，徐扬，李玉花，黄莹珊．生产率困境的形成与治理机制：一个新的理论框架 [J]. 管理世界，2020 (1): 187 - 205.

[30] Godkin, L. and S. Allcorn. Overcoming Organizational Inertia: A tripartite model for achieving strategic organizational change [J]. *Journal of Applied Business and Economics*, 2008. 8 (1): 82 - 95.

[31] Hodgkinson, G. P. and G. Wright. Confronting Strategic Inertia in a top Management Team: Learning from failure [J]. *Organization Studies*, 2002, 23 (6): 949 - 977.

[32] Barney, J. B. Asset Stocks and Sustained Competitive Advantage: A comment [J]. Management Science, 1989, 35 (12): 1511 - 1513.

[33] Teece, D. J. , G. Pisano, and A. Shuen, *Dynamic capabilities and strategic management* [J]. *Strategic management journal*, 1997: 509 - 533.

[34] Leonard - Barton, D. Core Capabilities and Core Rigidities: A paradox in managing new product development [J]. *Strategic Management Journal*, 1992, 13 (S1): 111 - 125.

[35] Becker, M. C. Organizational Routines: A review of the literature [J]. *Industrial and Corporate Change*, 2004, 13 (4): 643 - 678.

[36] Senge, P. M. *The Fifth Discipline: The art and practice of the learning organization* [M]. Currency, 2006.

[37] Levinthal, D. A. and J. G. March. The Myopia of Learning [J]. *Strategic Management Journal*, 1993, 14 (S2): 95 - 112.

[38] Shalikar, S. , N. Lahoutpour, and A. B. A. Rahman. The Study on the Impact of Knowledge Inertia on Organization [J]. *Australian Journal of Basic and Applied Sciences*, 2011, 5 (10): 1207 - 1213.

[39] 白景坤．组织惰性生成研究——环境选择、路径依赖和资源基础观的整合 [J]. 社会科学，2017 (3): 55 - 65.

[40] Dobrev, S. D. , T. Y. Kim, and G. R. Carroll. Shifting Gears,

Shifting Niches: Organizational inertia and change in the evolution of the US automobile industry, 1885 - 1981 [J]. *Organization Science*, 2003, 14 (3): 264 -282.

[41] Cope, M. *Leading the Organisation to Learn: The 10 levers for putting knowledge and learning to work* [M]. Financial Times, 1998.

[42] Amburgey, T. L. and H. Rao. Organizational Ecology: Past, present, and future directions [J]. *Academy of Management Journal*, 1996, 39 (5): 1265 -1286.

[43] Tushman, M. L. and L. Rosenkopf. Executive Succession, Strategic Reorientation and Performance Growth: A longitudinal study in the US cement industry [J]. *Management Science*, 1996, 42 (7): 939 -953.

[44] Collinson, S. and D. C. Wilson. Inertia in Japanese Organizations: Knowledge management routines and failure to innovate [J]. *Organization Studies*, 2006, 27 (9): 1359 -1387.

[45] 詹姆斯，钱匹. 企业 X 再造 [M]. 目正茂译. 北京：中信出版社，2002.

[46] 党兴华，孙永磊，宋晶. 不同信任情景下双元创新对网络惯例的影响 [J]. 管理科学，2013，26 (4)：25 -34.

[47] Zollo, M. and S. G. Winter. Deliberate Learning and the Evolution of Dynamic Capabilities [J]. *Organization Science*, 2002, 13 (3): 339 -351.

[48] 孙永磊，党兴华，宋晶. 基于网络惯例的双元能力对合作创新绩效的影响 [J]. 管理科学，2014，27 (2)：38 -47.

[49] 彭新敏，吴东，郑刚. 全球制造网络中后发企业的持续升级：一个双元性视角 [J]. 科研管理，2016，37 (1)：145 -152.

[50] Szulanski, G. and S. Winter. Getting it Right the Second Time [J]. *Harvard Business Review*, 2002. 80 (1): 62 -69, 125.

[51] Bresman, H. Changing Routines: A process model of vicarious group learning in pharmaceutical R&D [J]. *Academy of Management Jour-*

nal, 2013, 56 (1): 35 - 61.

[52] Zander, U. and B. Kogut. Knowledge and the Speed of the Transfer and Imitation of Organizational Capabilities: An empirical test [J]. *Organization Science*, 1995, 6 (1): 76 - 92.

[53] 魏龙，党兴华，闫海. 技术创新网络惯例复制及其对创新催化的影响：悖论整合的理论框架 [J]. 南开管理评论，2021 (4): 1 - 13.

[54] Cohen, M. D. Individual Learning and Organizational Routine: Emerging connections [J]. *Organization Science*, 1991, 2 (1): 135 - 139.

[55] Kelly, D. and T. L. Amburgey. Organizational Inertia and Momentum: A dynamic model of strategic change [J]. *Academy of Management Journal*, 1991, 34 (3): 591 - 612.

[56] 苏敬勤，韩贵龄. 资源运作模式对能力演化的影响研究——基于组织惯性的调节作用 [J]. 管理评论，2017, 29 (8): 198 - 210.

[57] Shimizu, K. and M. A. Hitt. What Constrains or Facilitates Divestitures of Formerly Acquired Firms? The effects of organizational inertia [J]. *Journal of Management*, 2005, 31 (1): 50 - 72.

[58] 简泽，徐扬，李玉花，黄莹珊. 生产率困境的形成与治理机制：一个新的理论框架 [J]. 管理世界，2020, 36 (1): 187 - 205 + 242.

[59] Van Witteloostuijn, A. Bridging Behavioral and Economic Theories of Decline: Organizational inertia, strategic competition, and chronic failure [J]. *Management Science*, 1998, 44 (4): 501 - 519.

[60] Ginsberg, A. and A. Buchholtz. Converting to For - profit Status: Corporate responsiveness to radical change [J]. *Academy of Management Journal*, 1990, 33 (3): 445 - 477.

[61] Colombo, M. G. and M. Delmastro. How Effective are Technology Incubators?: Evidence from Italy [J]. *Research Policy*, 2002, 31 (7):

1103 - 1122.

[62] 陈立新．现有企业突破性创新的惯性障碍及其超越机制研究 [J]．外国经济与管理，2008 (7)：20 - 25.

[63] Greve, H. R. The Effect of Core Change on Performance: Inertia and regression toward the mean [J]. *Administrative Science Quarterly*, 1999, 44 (3): 590 - 614.

[64] Suchman, M. C. Managing Legitimacy: Strategic and institutional approaches [J]. *Academy of Management Review*, 1995, 20 (3): 571 - 610.

[65] Meyer, J. W. and B. Rowan. Institutionalized Organizations: Formal structure as myth and ceremony [J]. *American Journal of Sociology*, 1977, 83 (2): 340 - 363.

[66] 解学梅，朱琪玮．企业绿色创新实践如何破解"和谐共生"难题？[J]．管理世界，2021 (1)：128 - 150.

[67] Scott, W. R. *Institutions and Organizations: Ideas, Interests, and Identities* [M]. Sage Publications, 2013.

[68] 孟韬，李佳雷．数字经济时代下企业组织惯性的重构路径研究 [J]．管理案例研究与评论，2020，13 (2)：170 - 184.

[69] Anderson, J. R., et al. Cognitive tutors: Lessons Learned [J]. *The Journal of the Learning Sciences*, 1995, 4 (2): 167 - 207.

[70] Miller, D. The Icarus Paradox: How excellent companies can bring about their own downfall [J]. *Business Horizons*, 1992, 35 (1): 24 - 35.

[71] Miller, D. and M. - J. Chen. Sources and Consequences of Competitive inertia: A study of the US airline industry [J]. *Administrative Science Quarterly*, 1994, 39 (1): 1 - 23.

[72] Felin, T., N. J. Foss, 王焕祥．经验、惯例与组织能力的内在起源：刺激贫乏 [J]．演化与创新经济学评论，2011 (2)：1 - 22.

[73] 邓新明，郭雅楠．竞争经验、多市场接触与企业绩效——基

于红皇后竞争视角 [J]. 管理世界, 2020, 36 (11): 129 -150.

[74] 林海芬, 于泽川, 王涛. 基于组织惯例的组织创新持续内生机理研究评述 [J]. 研究与发展管理, 2017 (1): 127 -138.

[75] 张璐, 梁丽娜, 苏敬勤, 张强, 长青. 破茧成蝶: 创业企业如何突破能力的刚性束缚实现进阶? [J] 管理世界, 2020, 36 (6): 194 -206 +258.

[76] Ries, A. and J. Trout. *Positioning: The Battle for Your Mind* [M]. McGraw Hill, 2001.

[77] Converse, S., J. Cannon - Bowers, and E. Salas. Shared Mental Models in Expert Team Decision Making [J]. *Individual and Group Decision Making: Current Issues*, 1993, 221: 221 -246.

[78] 李柏洲, 徐广玉, 苏屹. 团队知识转移风险对知识转移绩效的作用路径研究——知识网络的中介作用和团队共享心智模式的调节作用 [J]. 科研管理, 2014. 35 (2): 127 -135.

[79] Barnett, W. P. and E. G. Pontikes. The Red Queen, Success Bias, and Organizational Inertia [J]. *Management Science*, 2008, 54 (7): 1237 -1251.

[80] 熊胜绪, 黄昊宇. 企业伦理文化与企业管理 [J]. 经济管理, 2007 (4): 4 -12.

[81] Meyer, G. D. and J. DeCastro. Determinants of New - firm Formations in Manufacturing Industries: Industry dynamics, entry barriers, and organizational inertia [J]. Entrepreneurship Theory and Practice, 1993, 17 (2): 49 -60.

[82] 高静美, 陈甫. 组织变革知识体系社会建构的认知鸿沟——基于本土中层管理者 DPH 模型的实证检验 [J]. 管理世界, 2013 (2): 107 -124.

[83] Loch, C. H., K. Sengupta, and M. G. Ahmad. The Microevolution of Routines: How problem solving and social preferences interact [J]. *Organization Science*, 2013, 24 (1): 99 -115.

[84] Hon, A. H., M. Bloom, and J. M. Crant. Overcoming Resistance to Change and Enhancing Creative Performance [J]. *Journal of Management*, 2011, 40 (3): 919 -941.

[85] Senge, P. M. and J. D. Sterman. Systems Thinking and Organizational Learning: Acting locally and thinking globally in the organization of the future [J]. *European Journal of Operational Research*, 1992, 59 (1): 137 -150.

[86] Meyer, J. and B. Rowen. Institutsionalizirovannye Organizatsii: Formal'naya struktura kak mif i tseremonial [Institutionalized Organizations: Formal Structure as Myth and Ceremony] [J]. *Journal of Economic Sociology = Ekonomicheskaya Sotsiologiya*, 2011, 12 (1): 43 -67.

[87] Wu, B., Z. Wan, and D. A. Levinthal. Complementary Assets as Pipes and Prisms: Innovation incentives and trajectory choices [J]. *Strategic Management Journal*, 2013: 1257 -1278.

[88] 董彩婷，柳卸林，张思．创新生态嵌入和政治网络嵌入的双重作用对企业创新绩效的影响 [J]. 管理评论，2020，32 (10): 170.

[89] Christensen, C. M. and J. L. Bower. Customer Power, Strategic Investment, and the Failure of Leading Firms [J]. *Strategic Management Journal*, 1996, 17 (3): 197 -218.

[90] Cyert, R. M. and J. G. March. *A Behavioral Theory of the Firm* [M]. Englewood Cliffs, NJ, 1963.

[91] Teece, D. J., G. Pisano, and A. Shuen. Dynamic Capabilities and Strategic Management [J]. *Strategic Management Journal*, 1997, 18 (7): 509 -533.

[92] 罗仲伟，任国良，焦豪，蔡宏波，许杨帆．动态能力，技术范式转变与创新战略——基于腾讯微信“整合”与“迭代”微创新的纵向案例分析 [J]. 管理世界，2014 (8): 152 -168.

[93] 杨博旭，王玉荣，李兴光．“厚此薄彼”还是“雨露均

沾"——组织如何有效利用网络嵌入资源提高创新绩效［J］. 南开管理评论，2019，22（3）：201－213.

［94］ Gilbert，R. J. and D. M. Newbery. Preemptive Patenting and the Persistence of Monopoly［J］. *The American Economic Review*，1982，72（3）：514－526.

［95］ 胡爱军，王石磊. 惯例变更与贡献一致：合作创新治理实证研究［J］. 科学学与科学技术管理，2016，37（9）：90－101.

［96］ Dionysiou，D. D. and H. Tsoukas. Understanding the（re）Creation of Routines from Within：A symbolic interactionist perspective［J］. *Academy of Management Review*，2013，38（2）：181－205.

［97］ Cohendet，P. and P. Llerena. Routines and Incentives：The role of communities in the firm［J］. *Industrial and Corporate Change*，2003，12（2）：271－297.

［98］ 于晓宇，吴祝欣，陈颖颖. 国有企业子公司转型升级的锁定效应——组织惯性的视角［J］. 管理案例研究与评论，2019，12（6）：638－651.

［99］ Tripsas，M. and G. Gavetti. Capabilities，Cognition，and Inertia：Evidence from digital imaging［J］. *Strategic Management Journal*，2000，21（10－11）：1147－1161.

［100］ Eisenhardt，K. M. and J. A. Martin. *Dynamic capabilities：What are they?*［J］. *Strategic Management Journal*，2000，21（10－11）：1105－1121.

［101］ Nonaka，I.，A Dynamic Theory of Organizational Knowledge Creation［J］. *Organization Science*，1994，5（1）：14－37.

［102］ Learned，E. P.，et al. *Business Policy：Text and Cases*［M］. RD Irwin Homewood，IL，1969.

［103］ Prahalad C. K.，Hamel G.（1997）The Core Competence of the Corporation. In：Hahn D.，Taylor B.（eds）Strategische Unternehmungsplanung / Strategische Unternehmungsführung. Physica，Heidelberg. https：//

doi. org/10. 1007/978 - 3 - 662 - 41482 - 8_ 46.

[104] Kogut, B. and U. Zander. Knowledge of the Firm, Combinative Capabilities, and the Replication of Technology [J]. *Organization Science*, 1992, 3 (3): 383 - 397.

[105] Henderson, R. and I. Cockburn. Measuring Competence? Exploring firm effects in pharmaceutical research [J]. *Strategic Management Journal*, 1994, 15 (S1): 63 - 84.

[106] Liao, J. J., J. R. Kickul, and H. Ma. Organizational Dynamic Capability and Innovation: An empirical examination of internet firms [J]. *Journal of Small Business Management*, 2009, 47 (3): 263 - 286.

[107] Teece, D. J., G. Pisano, and A. Shuen. *Dynamic Capabilities and Strategic Management* [M]. 1997.

[108] Huang, H. - C., et al. Overcoming Organizational Inertia to Strengthen Business Model Innovation: An open innovation perspective [J]. *Journal of Organizational Change Management*, 2013: 977 - 1002.

[109] March, J. G. and Z. Shapira. Variable Risk Preferences and the Focus of Attention [J]. *Psychological Review*, 1992, 99 (1): 172 - 183.

[110] Christensen, C. M. *The Innovator's Dilemma: When new Technologies Cause Great Firms to Fail* [M]. Harvard Business Review Press, 2013.

[111] 林海芬，王涛．惯例演化视角组织创新的实施机理研究——以天地华宇定日达创新为例 [J]. 管理评论，2017，29 (1)：250 - 264.

[112] Nelson, R. R. An evolutionary theory of economic change [M]. Harvard University Press, 1985.

[113] 白景坤，王健．如何有效克服组织惰性？——基于双元学习的案例研究 [J]. 研究与发展管理，2016，28 (4)：pp. 61 - 71.

[114] 林海芬，尚任．组织惯例对组织创新的悖论性作用机理研究 [J]. 南开管理评论，2020，23 (1)：62 - 74.

［115］周翔等．核心能力快速丧失企业的公司创业——基于海印商业运营的公司创业纵向案例研究［J］．管理世界，2018，34（6）：157－172.

［116］钱勇，曹志来．从脱嵌入到再嵌入：企业组织转型的过程——基于铁煤集团主辅分离改革的案例分析［J］．管理世界，2011（6）：116－131.

［117］樊纲．两种改革成本与两种改革方式［J］．经济研究，1993（01）：3－15.

［118］Sharifirad，M. S. Relationship Between Knowledge Inertia and Organizational Learning［J］. *International Journal of Information Technology and Knowledge Management*，2010. 2（2）：323－327.

［119］Argyris，C. and D. A. Schön. Organizational Learning：A theory of action perspective［J］. *Addison－Wesley Reading*，1997（77/78）：345－348.

［120］蒋春燕．中国新兴企业自主创新陷阱的突破路径［J］．中国工业经济，2006.（4）：73－80.

［121］林海芬，苏敬勤．管理创新效力机制研究：基于动态能力观视角的研究框架［J］．管理评论，2012，24（3）：49－57.

［122］潘安成，邹媛春．组织忘记、组织学习与企业动态能力［J］．科研管理，2010（1）：33－37＋45.

［123］Staw，B. M.，et al. Threat Rigidity Effects in Organizational Behavior：A Multilevel Analysis［J］. *Administrative Science Quarterly*，1981，26（4）：501－524.

［124］Tyre，M. J. and W. J. Orlikowski. Windows of Opportunity：Temporal patterns of technological adaptation in organizations［J］. *Organization Science*，1994，5（1）：98－118.

［125］Page Jr，R. A. and M. F. Wiersema. Entrepreneurial Strategies and Radical Innovation：A punctuated disequilibrium approach［J］. *The Journal of High Technology Management Research*，1992，3（1）：65－81.

[126] 葛宝山，续媞特．左右互搏：创业机会与资源共生演化机理研究 [J]．科学学研究，2020，38（8）：1417－1427.

[127] Kane，A. A.，L. Argote，and J. M. Levine. Knowledge Transfer Between Groups via Personnel Rotation：Effects of social identity and knowledge quality [J]. *Organizational Behavior and Human Decision Processes*，2005，96（1）：56－71.

[128] Eisenhardt，K. M. and J. A. Martin. Dynamic Capabilities：What are they? [J]. Strategic Management Journal，2000，21（10－11）：1105－1121.

[129] Masini，A.，M. Zollo，and L. van Wassenhove. Understanding Exploration and Exploitation in Changing Operating Routines：The influence of industry and organizational traits [J]. *London Business School*：*Operations and Technology Management Working Paper OTM*，2004：4－22.

[130] King，A. A. and C. L. Tucci. Incumbent Entry into New Market Niches：The role of experience and managerial choice in the creation of dynamic capabilities [J]. *Management Science*，2002，48（2）：171－186.

[131] 陈凌子，周文辉，周依芳．创业孵化平台价值共创、动态能力与生态优势 [J]．科研管理，2021. 42（12）：10－18.

[132] Ellonen，H.－K.，P. Wikström，and A. Jantunen. Linking Dynamic－capability Portfolios and Innovation Outcomes [J]. *Technovation*，2009，29（11）：753－762.

[133] 王生辉，张京红．突破性创新、在位者惰性与组织再造 [J]．科学学与科学技术管理，2007，28（7）：82－87.

[134] 焦豪．双元型组织竞争优势的构建路径：基于动态能力理论的实证研究 [J]．管理世界，2011（11）：76－91.

[135] Heine，K. and H. Rindfleisch. Organizational Decline：A synthesis of insights from organizational ecology，path dependence and the resource－based view [J]. *Journal of Organizational Change Management*，2013，26（1）：8－28.

[136] Levinthal, D. and J. G. March. A Model of Adaptive Organizational Search [J]. *Journal of Economic Behavior & Organization*, 1981, 2 (4): 307 -333.

[137] 侯杰，陆强，石涌江，戎珂．基于组织生态学的企业成长演化：有关变异和生存因素的案例研究 [J]. 管理世界，2011 (12): p. 116 -130.

[138] Staw, B. M., L. E. Sandelands, and J. E. Dutton. Threat Rigidity Effects in Organizational Behavior: A multilevel analysis [J]. *Administrative Science Quarterly*, 1981, 26 (4): 501 -524.

[139] Soltwisch, B. W. The Paradox of Organizational Rigidity: A contingency model for information processing during times of opportunity and threat [J]. *Journal of Leadership & Organizational Studies*, 2015, 22 (4): 395 -403.

[140] Brown, A. D. Identities and Identity Work in Organizations [J]. *International Journal of Management Reviews*, 2014, 11 (1): 20 -40.

[141] Bartunek, J. M. and M. K. Moch. First - Order, Second - Order, and Third - Order Change and Organization Development Interventions: A Cognitive Approach [J]. *The Journal of Applied Behavioral Science*, 1987, 23 (4): 483 -500.

[142] Huff, J. O. and A. S. Huff, Stress, Inertia, Opportunity and Competitive Position: A siop model of strategic change in the pharmaceuticals industry [J]. *Academy of Management Proceedings*, 1995 (1): 22 -26.

[143] Winter, S. G. Understanding Dynamic Capabilities [J]. *Strategic Management Journl*, 2003, 24 (10): 991 -995.

[144] Zott, C. Dynamic Capabilities and the Emergence of Intraindustry Differential Firm Performance: Insights from a simulation study [J]. *Strategic Management Journal*, 2003, 24 (2): 97 -125.

[145] Teece, D. J. Profiting from Technological Innovation: Implications for integration, collaboration, licensing and public policy [J]. *Research*

Policy, 1986, 15 (6): 285 -305.

[146] Huang, H. - C., et al. Overcoming Organizational Inertia to Strengthen Business Model Innovation: An open innovation perspective [J]. *Journal of Organizational Change Management*, 2013, 26 (6): 977 -1002.

[147] Hunter, J. E. and F. L. Schmidt. Methods of Meta - analysis: Correcting Error and Bias in Research Findings [M]. Sage, 2004.

[148] Eisenhardt, K. M. and M. E. Graebner. Theory Building from Cases: Opportunities and challenges [J]. *Academy of Management Journal*, 2007, 50 (1): 25 -32.

[149] Pettigrew, A. M. Longitudinal Field Research on Change: Theory and practice [J]. *Organization Science*, 1990, 1 (3): 267 -292.

[150] Yin, R. K. Discovering the Future of the Case Study: Method in evaluation research [J]. *Evaluation Practice*, 1994, 15 (3): 283 -290.

[151] Suddaby, R. From the Editors: What grounded theory is not [J]. *Academy of Management Journal*, 2006, 49 (4): 633 -642.

[152] Glaser, B. G. and A. L. Strauss. *The Discovery of Grounded Theory: Strategies for Qualitative Research* [M]. Transaction Publishers, 2009.

[153] Pandit, N. R. The Creation of Theory: A recent application of the grounded theory method [J]. *The Qualitative Report*, 1996, 2 (4): 1 -14.

[154] 蔡莉等. 创业研究回顾与资源视角下的研究框架构建——基于扎根思想的编码与提炼 [J]. 管理世界, 2011 (12): 160 -169.

[155] Corbin, J. and A. Strauss. *Basics of Qualitative Research: Techniques and procedures for developing grounded theory* [M]. Sage, 2008.

[156] Chassang, S. Building Routines: Learning, cooperation, and the dynamics of incomplete relational contracts [J]. *American Economic Review*, 2010, 100 (1): 448 -465.

[157] Polanyi, K. *The Great Transformation: The political and eco-*

nomic origins of our time [M]. Boston: Beacon Press, 1944.

[158] Fiol, C. M. and M. A. Lyles Organizational Learning [J]. *Academy of Management Review*, 1985, 10 (4): 803 - 813.

[159] Uhlaner, L. M., et al., Disentangling the effects of organizational capabilities, innovation and firm size on SME sales growth [J]. *Small Business Economics*, 2013. 41 (3): p. 581 - 607.

[160] Katila, R. and G. Ahuja. Something old, Something new: A longitudinal study of search behavior and new product introduction [J]. *Academy of Management Journal*, 2002, 45 (6): 1183 - 1194.

[161] Rodan, S. and C. Galunic. More than Network Structure: How knowledge heterogeneity influences managerial performance and innovativeness [J]. *Strategic Management Journal*, 2004, 25 (6): 541 - 562.

[162] Kumaraswamy, K. S. N. and C. Chitale. Collaborative Knowledge Sharing Strategy to Enhance Organizational Learning [J]. *Journal of Management Development*, 2012, 31 (3): 308 - 322.

[163] Dyer, J. H. and H. Singh. The Relational View: Cooperative strategy and sources of interorganizational competitive advantage [J]. *Academy of Management Review*, 1998, 23 (4): 660 - 679.

[164] Yang, H., Y. Zheng, and X. Zhao. Exploration or Exploitation? Small firms' alliance strategies with large firms [J]. *Strategic Management Journal*, 2013, 35 (1): 146 - 157.

[165] Chesbrough, H. and M. Bogers. *Explicating Open Innovation: Clarifying an emerging paradigm for understanding innovation. New Frontiers in Open Innovation* [M]. Oxford: Oxford University Press, 2014: 3 - 28.

[166] 潘松挺，郑亚莉．网络关系强度与企业技术创新绩效——基于探索式学习和利用式学习的实证研究 [J]. 科学学研究，2011 (11): 1736 - 1743.

[167] Bleeke, J. and D. Ernst. *Collaborating to Compete: Using Strategic Alliances and Acquisitions in the Global Marketplace* [M]. John Wiley

& Sons Inc, 1993.

[168] Kale, P. and H. Singh. Building Firm Capabilities Through Learning: The role of the alliance learning process in alliance capability and firm——Level alliance success [J]. *Strategic Management Journal*, 2007, 28 (10): 981 - 1000.

[169] Borys, B. and D. B. Jemison. Hybrid Arrangements as Strategic Alliances: Theoretical issues in organizational combinations [J]. *Academy of Management Review*, 1989, 14 (2): 234 - 249.

[170] Doz, Y. L. The Evolution of Cooperation in Strategic Alliances: Initial conditions or learning processes? [J]. *Strategic Management Journal*, 1996, 17 (S1): 55 - 83.

[171] Carroll, G. R. and M. T. Hannan. Why Corporate Demography Matters: Policy implications of organizational diversity [J]. *California Management Review*, 2000, 42 (3): 148 - 163.

[172] 彭正龙，王海花，蒋旭灿. 开放式创新模式下资源共享对创新绩效的影响：知识转移的中介效应 [J]. 科学学与科学技术管理，2011，32 (1)：48 - 53.

[173] Powell, W. W., K. W. Koput, and L. Smith-Doerr. Interorganizational Collaboration and the Locus of Innovation: Networks of learning in biotechnology [J]. *Administrative Science Quarterly*, 1996, 41 (1): 116 - 145.

[174] Crossan, M. M., H. W. Lane, and R. E. White. An Organizational Learning Framework: From intuition to institution [J]. *Academy of Management Review*, 1999, 24 (3): 522 - 537.

[175] Plewa, C., et al. University - industry Linkage Evolution: An empirical investigation of relational success factors [J]. *R&D Management*, 2013, 42 (4): 365 - 380.

[176] Khanna, T., R. Gulati, and N. Nohria. The Dynamics of Learning Alliances: Competition, cooperation, and relative scope [J]. *Strategic Management Journal*, 1998, 19 (3): 193 - 210.

[177] Maskell, P. and A. Malmberg, Myopia. Knowledge Development and Cluster Evolution [J]. *Journal of Economic Geography*, 2007, 7 (5): 603 - 618.

[178] 彭正龙，蒋旭灿，王海花．开放式创新模式下组织间知识共享动力因素建模 [J]. 情报杂志，2011，30 (8): 163 - 168.

[179] 赵杨，刘延平，谭洁．组织变革中的组织惯性问题研究 [J]. 管理现代化，2009 (1): 39 - 41.

[180] Stadler, C., T. Rajwani, and F. Karaba. Solutions to the Exploration/Exploitation Dilemma: Networks as a new level of analysis [J]. *International Journal of Management Reviews*, 2013, 16 (2): 12 - 193.

[181] Argote, L. and E. Miron - Spektor. Organizational Learning: From experience to knowledge [J]. *Organization Science*, 2011, 22 (5): 1123 - 1137.

[182] Cohen, W. M. and D. A. Levinthal. Absorptive Capacity: A new perspective on learning and innovation [J]. *Administrative Science Quarterly*, 1990, 35 (1): 128 - 152.

[183] Tushman, M. L. and C. A. O'Reilly. The Ambidextrous Organizations: Managing Evolutionary and Revolutionary Change [J]. *California Management Review*, 1996, 38 (4): 8 - 30.

[184] Alavi, M. and D. E. Leidner. Review: Knowledge management and knowledge management systems: Conceptual foundations and research issues [J]. *MIS Quarterly*, 2001: 107 - 136.

[185] 余维臻，余克艰．科技型小微企业协同创新能力增进机制研究 [J]. 科研管理，2018，39 (3): 1 - 10.

[186] Hoegl, M., K. Weinkauf, and H. G. Gemuenden. Interteam Coordination, Project Commitment, and Teamwork in Multiteam R&D Projects: A Longitudinal Study [J]. *Organization Science*, 2004, 15 (1): 38 - 55.

[187] Ahuja, G. The Duality of Collaboration: Inducements and op-

portunities in the formation of interfirm linkages [J]. *Strategic Management Journal*, 2000, 21 (3): 317 - 343.

[188] Carayannis, E. G., J. Alexander, and A. Ioannidis. Leveraging Knowledge, Learning, and Innovation in Forming Strategic Government - university - industry (GUI) R&D Partnerships in the US, Germany, and France [J]. *Technovation*, 2000, 20 (9): 477 - 488.

[189] Arino, A. and J. De La Torre. Learning from Failure: Towards an evolutionary model of collaborative ventures [J]. *Organization Science*, 1998, 9 (3): 306 - 325.

[190] Sahut, J. - M. and M. Peris - Ortiz. Small Business, Innovation, and Entrepreneurship [J]. *Small Business Economics*, 2014 (42): 663 - 668.

[191] 虞鑫，许弘智. 意见领袖、沉默的螺旋与群体极化：基于社会网络视角的仿真研究 [J]. 国际新闻界，2019. 41 (05): 6 - 26.

[192] 李柏洲，罗小芳. 企业原始创新中学研合作伙伴的选择——基于影响因素及其作用路径视角的分析 [J]. 科学学研究，2013 (3): 437 - 445.

[193] Hoffer Gittell, J. Coordinating Mechanisms in care Provider Groups: Relational coordination as a mediator and input uncertainty as a moderator of performance effects [J]. *Management Science*, 2002, 48 (11): 1408 - 1426.

[194] 王龙伟，李垣，王刊良. 组织惯性的动因与管理研究[J]. 预测，2004 (6): 1 - 4 + 42.

[195] Laursen, K. and A. J. Salter. The Paradox of Openness: Appropriability, external search and collaboration [J]. *Research Policy*, 2014, 43 (5): 867 - 878.

[196] Chow, W. S. and L. S. Chan. Social Network, Social Trust and Shared Goals in Organizational Knowledge Sharing [J]. *Information & Management*, 2008, 45 (7): 458 - 465.

[197] Friedman, K. Theory Construction in Design Research: Criteria: approaches, and methods [J]. *Design Studies*, 2003, 24 (6): 507-522.

[198] Van den Bossche, P., et al. Social and Cognitive Factors Driving Teamwork in Collaborative Learning Environments team Learning Beliefs and Behaviors [J]. *Small Group Research*, 2006, 37 (5): 490-521.

[199] O'Connor, G. C. Major Innovation as a Dynamic Capability: A systems approach [J]. *Journal of Product Innovation Management*, 2008, 25 (4): 313-330.

[200] Tao, J. and V. Magnotta. How air Products and Chemicals "Identifies and Accelerates" [J]. *Research-Technology Management*, 2006. 49 (5): 12-18.

[201] Barney, J. Firm Resources and Sustained Competitive Advantage [J]. *Journal of Management*, 1991, 17 (1): 99-120.

[202] Elmquist, M., T. Fredberg, and S. Ollila. Exploring the Field of Open Innovation [J]. *European Journal of Innovation Management*, 2009, 12 (3): 326-345.

[203] 高良谋, 马文甲. 开放式创新: 内涵, 框架与中国情境 [J]. 管理世界, 2014 (6): 157-169.

[204] Haas, M. R. and M. T. Hansen. When Using Knowledge can hurt Performance: The value of organizational capabilities in a management consulting company [J]. *Strategic Management Journal*, 2005, 26 (1): 1-24.

[205] Zahra, S. A. and G. George. Absorptive Capacity: A review, reconceptualization, and extension [J]. *Academy of Management Review*, 2002, 27 (2): 185-203.

[206] Ernst, H., U. Lichtenthaler, and C. Vogt. Retracted: The Impact of Accumulating and Reactivating Technological Experience on R&D Alliance Performance [J]. *Journal of Management Studies*, 2011, 48 (6):

1194 - 1216.

[207] Macrì, D. M., M. R. Tagliaventi, and F. Bertolotti. A Grounded Theory for Resistance to Change in a Small Organization [J]. *Journal of Organizational Change Management*, 2002, 15 (3): 292 - 310.

[208] Teece, D. J. Explicating Dynamic Capabilities: The nature and microfoundations of (sustainable) enterprise performance [J]. *Strategic ManagementJ Journal*, 2007, 28 (13): 1319 - 1350.

[209] Van Stel, A., et al. Disentangling the Effects of Organizational Capabilities, Innovation and Firm size on SME Sales Growth [J]. *Small Bus Econ*, 2013 (41): 581 - 607.

[210] Kahneman, D. and D. Lovallo. Timid Choices and bold Orecasts: A cognitive perspective on risk taking [J]. *Management Science*, 1993, 39 (1): 17 - 31.

[211] Dacin, M. T., B. D. Beal, and M. J. Ventresca. The Embeddedness of Organizations: Dialogue & directions [J]. *Journal of Management*, 1999, 25 (3): 317 - 356.

[212] 王永伟，马洁，吴湘繁，刘胜春．变革型领导行为、组织学习倾向与组织惯例更新的关系研究 [J]. 管理世界，2012 (9): 110 - 119.

[213] 池毛毛，叶丁菱，王俊晶，翟姗姗．我国中小制造企业如何提升新产品开发绩效——基于数字化赋能的视角 [J]. 南开管理评论，2020，23 (3): 63 - 75.

[214] Bidault, F. and W. A. Fische. Technology Transactions: Networks over markets [J]. *R&D Management*, 1994, 24 (4): 373 - 386.

[215] 王琳，陈志军．价值共创如何影响创新型企业的即兴能力？——基于资源依赖理论的案例研究 [J]. 管理世界，2020，36 (11): 96 - 110 + 131 + 111.

[216] Tsai, W. and S. Ghoshal. Social Capital and Value Creation: The role of intrafirm networks [J]. *Academy of Management Journal*,

1998, 41 (4): 464 -476.

[217] Mohr, J. and R. Spekman. Characteristics of Partnership Success: Partnership attributes, communication behavior, and conflict resolution techniques [J]. *Strategic Management Journal*, 1994, 15 (2): 135 -152.

[218] Gist, M. E., E. A. Locke, and M. S. Taylor. Organizational Behavior: Group Structure, Process, and Effectiveness [J]. *Journal of Management*, 1987, 13 (2): 237 -257.

[219] Dalton, M. *Men who Manage: Fusions of Feeling and Theory in Administration* [M]. Transaction Publishers, 2013.

[220] Blau, P. M. *The Dynamics of Bureaucracy: A study of interpersonal relations in two government agencies* [M]. Chicago, U.P., 1955.

[221] 张红兵，张素平．技术联盟知识转移有效性影响因素的实证研究 [J]．科学学研究，2013 (7): 1041 -1049.

[222] Helfat, C. E. and R. S. Raubitschek. Product Sequencing: Co - evolution of knowledge, capabilities and products [J]. *Strategic Management Journal*, 2000, 21 (10 -11): 961 -979.

[223] Hargadon, A. and R. I. Sutton. Technology Brokering and Innovation in a Product Development Firm [J]. *Administrative Science Quarterly*, 1997, 42 (4): 716 -749.

[224] Earley, P. C. and H. K. Gardner. Internal Dynamics and Cultural Intelligence in Multinational Teams [J]. *Advances in International Management*, 2005 (18): 3 -31.

[225] 高展军，李垣．组织惯例及其演进研究 [J]．科研管理，2007, 28 (3): 142 -147.

[226] 宣烨，孔群喜，李思慧．加工配套企业升级模式及行动特征——基于企业动态能力的分析视角 [J]．管理世界，2011 (8): 102 -114.

[227] Humphrey, J. and H. Schmitz. How does Insertion in Global

Value Chains Affect Upgrading in Industrial Clusters? [J]. *Regional Studies*, 2002, 36 (9): 1017 - 1027.

[228] 马文聪，叶阳平，徐梦丹，朱桂龙．“两情相悦”还是“门当户对”：产学研合作伙伴匹配性及其对知识共享和合作绩效的影响机制 [J]. 南开管理评论，2018，21 (6)：95 - 106.

[229] 李彬，王凤彬，秦宇．动态能力如何影响组织操作常规？——项双案例比较研究 [J]. 管理世界，2013 (8)：136 - 153.

[230] 荣泰生．企业研究方法 [M]. （台湾）五南图书出版股份有限公司，2013.

[231] 陈永霞，贾良定，李超平，宋继文，张君君．变革型领导、心理授权与员工的缍织承诺：中国情景下的实证研究 [J]. 管理世界，2006 (1)：96 - 105.

[232] 何建洪，贺昌政．创新型企业的形成——基于网络能力与创新战略作用的分析 [J]. 科学学研究，2013 (2)：298 - 309.

[233] 许学国，陈芳芳．学习智障对组织知识转化影响研究[J]. 管理学报，2012 (2)：212 - 218.

[234] Gu, Q., G. G. Wang, and L. Wang. Social Capital and Innovation in R&D Teams: The mediating roles of psychological safety and learning from mistakes [J]. *R&D Management*, 2013, 43 (2): 89 - 102.

[235] Kale, P., H. Singh, and H. Perlmutter. Learning and Protection of Proprietary Assets in Strategic Alliances: Building relational capital [J]. *Strategic Management Journal*, 2000, 21 (3): 217 - 237.

[236] Zaheer, A., R. Gulati, and N. Nohria. Strategic Networks [J]. *Strategic Management Journal*, 2000, 21 (3): 203 - 215.

[237] Wilkens, R. and M. London. Relationships Between Climate, Process, and Performance in Continuous Quality Improvement Groups [J]. *Journal of Vocational Behavior*, 2006, 69 (3): 510 - 523.

[238] Mowery, D. C., J. E. Oxley, and B. S. Silverman. Technological Overlap and Interfirm Cooperation: Implications for the resource - based view

of the firm [J]. *Research Policy*, 1998, 27 (5): 507 -523.

[239] Cimon, Y. Knowledge - related Asymmetries in Strategic Alliances [J]. *Journal of Knowledge Management*, 2004, 8 (3): 17 -30.

[240] Lester, S. W., B. M. Meglino, and M. A. Korsgaard. The Antecedents and Consequences of Group Potency: A longitudinal investigation of newly formed work groups [J]. *Academy of Management Journal*, 2002, 45 (2): 352 -368.

[241] Zellmer - Bruhn, M. and C. Gibson. Multinational Organization Context: Implications for team learning and performance [J]. *Academy of Management Journal*, 2006, 49 (3): 501 -518.

[242] Anderson, N. R. and M. A. West. Measuring Climate for Work Group Innovation: Development and validation of the team climate inventory [J]. *Journal of Organizational Behavior*, 1998, 19 (3): 235 -258.

[243] 吴明隆. 问卷统计分析实务: SPSS 操作与应用 [M]. 重庆: 重庆大学出版社, 2010.

[244] 郭志刚. 社会统计分析方法 -SPSS 软件应用 [M]. 北京: 中国人民大学出版社, 1990.

[245] 侯杰泰, 温忠麟, 成子娟. 结构方程模型及其应用 [M]. 北京: 教育科学出版社, 2004.

[246] Hastbacka, M. A. Open Innovation: What's mine is mine. What if yours could be mine too [J]. *Technology Management Journ*al, 2004, 12 (3): 1 -4.

[247] 曹勇, 向阳. 基于开放式创新的新产品开发模糊前端模型研究 [J]. 管理评论, 2011, 23 (10): 49 -55.

[248] Granovetter, M. The Impact of Social Structure on Economic Outcomes [J]. *The Journal of Economic Perspectives*, 2005. 19 (1): 33 - 50.

[249] Hamel, G. and C. K. Prahalad. *Competing for the Future* [M]. Harvard Business Press, 1996.

[250] Gulati, R. Does Familiarity Breed Trust? The implications of repeated ties for contractual choice in alliances [J]. *Academy of Management Journal*, 1995, 38 (1): 85 - 112.

附　　录

附录一　开放式创新情境组织惯性维度的开放式访谈提纲（个人节选）

1. 请您介绍一下您的工作单位，如公司的规模、性质、主要业务、市场、发展状况等以及您在贵单位的工作经历及相关情况。

2. 贵公司何时尝试与外部企业合作创新？合作创新目的是什么？合作创新成效如何？

3. 请您谈一谈贵公司创新水平如何？您认为创新的关键要素是什么，阻碍创新的关键要素是什么？（可以补充关键事件）

4. 根据3的回答进行追问，请您谈一谈组织惯性对组织创新有何影响？这种影响体现在那几个方面？对合作创新具有同样影响吗？（请举例说明）

5. 如果有可能您会提出什么样的建议降低组织惯性对企业创新的影响呢？上述措施针对合作创新是否具有同样效果？（请补充关键事件）

6. 对刚才的讨论，您还有什么补充吗？

附录二 开放式创新情境组织惯性维度的开放式访谈提纲（焦点小组节选）

1. 请大家介绍一下项目团队，如团队的规模、性质和主要业务等以及合作经历及相关情况。

2. 贵团队因何机缘参与合作创新？合作创新目的是什么？合作创新成效如何？

3. 请大家谈一谈项目团队创新水平如何？大家认为创新的关键要素是什么，阻碍创新的关键要素是什么？（可以补充关键事件）

4. 根据3的回答进行追问，请大家谈一谈组织惯性对团队创新有何影响？这种影响体现在那几个方面？对合作创新具有同样影响吗？（请举例说明）

5. 如果有可能大家会提出什么样的建议降低组织惯性对企业创新的影响呢？上述措施针对合作创新是否具有同样效果？（请补充关键事件）

6. 对刚才的讨论，大家还有什么补充的吗？

附录三 开放式创新情境组织惯性维度及其干预机制研究

员工问卷

尊敬的先生/女生，您好！

我们正在进行一项有关组织惯性与组织创新影响的调查研究，在此希望能够耽搁您几分钟时间填答一份问卷，您的支持对我们研究非常重要！本问卷用于纯学术研究，不会透露您所在单位具体的经营业务和商业机密，更不会透露您的个人信息。同时，我们承诺在未经您同意的情况下，不会将问卷数据用于任何商业途径。

答案无对错之分，请您根据客观情况，在各题对应的选项下面打“√”，请不要多选或漏选，以免成为无效问卷。如果您对研究结果感兴趣，请留下您的联系方式，我们将在第一时间把相关研究结果反馈给您。

再次感谢您的合作！

第一部分：基本信息

下面是关于您所在组织的一些基本信息，请您在合适的“□”内打（√）。

1. 同时参与项目：□1 个 □2 个 □3 个及以上

2. 组织规模：□15 人以下 □15—29 人 □30—49 人 □50—100 人 □100 人以上

3. 组织年限：□3 年及以下 □3—5 年 □5—10 年 □10 年及以上

4. 组织所处产业：□电子通信 □机械制造 □生物医药 □食品化工 □软件开发 □其他

5. 组织所在地______________

第二部分：变量测量

请您根据最近一次参加组织间合作创新的经历，在右栏中（1—5）用“√”标出合适的数字，数字越大表示您对该条款阐述的内容越认同，并在“□”内的数字上作出标注。这些问题的答案没有对错之分，请依据自己的看法作答，注意不要遗漏。

相关陈述		符合程度				
		完全不符合	不太符合	一般符合	比较符合	完全符合
1	现有资源勉强支持组织变革的实施	1	2	3	4	5
2	组织资源富有弹性，保持组织活动灵活性和动态性	1	2	3	4	5
3	组织善于发现拥有关系资源的中介者	1	2	3	4	5
4	组织较少为员工学习新技能和新知识提供机会	1	2	3	4	5
5	组织员工较少通过学习更新观念和行为	1	2	3	4	5
6	组织员工较少主动寻求新知识	1	2	3	4	5
7	以往知识和经验阻碍员工接受新知识	1	2	3	4	5
8	新思想和新方法需耗费长时间才能反馈到管理层	1	2	3	4	5
9	员工用新思想改变自身思维模式和行为模式	1	2	3	4	5
10	员工倾向于用一种方法解决所有问题	1	2	3	4	5
11	企业能够定期考察和评估已有组织规范的运作效率	1	2	3	4	5
12	企业能够及时地为员工提供新组织规范的培训和指导	1	2	3	4	5
13	企业员工能够很快的接受并运用新的组织规范	1	2	3	4	5
14	企业能够主动进行组织规范的变革以迎接内外部新的挑战	1	2	3	4	5
15	组织具有强烈的合作动机和目的	1	2	3	4	5
16	组织具有资源和技能的获取和处理能力	1	2	3	4	5

续表

	相关陈述	符合程度				
		完全不符合	不太符合	一般符合	比较符合	完全符合
17	组织具有强烈的资源和技能获取意愿	1	2	3	4	5
18	组织所需前沿性知识总会及实地学习和掌握	1	2	3	4	5
19	组织能够快速地推广同行的先进做法	1	2	3	4	5
20	组织将外界所获取的知识应用于研发活动中	1	2	3	4	5
21	组织与合作伙伴有相似的文化和制度环境	1	2	3	4	5
22	组织与合作伙伴员工大多具有丰富的工作经历	1	2	3	4	5
23	组织能准确理解合作伙伴的沟通意愿	1	2	3	4	5
24	不清楚合作伙伴内部员工的知识结构	1	2	3	4	5
25	与合作伙伴内部的个人专业水平差距较大	1	2	3	4	5
26	与合作伙伴讨论和交流专业知识很困难	1	2	3	4	5
27	合作组织成员在目标实现过程中投入均衡	1	2	3	4	5
28	合作组织成员全身心投入团队活动	1	2	3	4	5
29	合作组织成员之间最大化相互支持	1	2	3	4	5
30	合作组织成员乐意分享与工作相关的信息	1	2	3	4	5
31	合作组织成员乐于相互交谈	1	2	3	4	5
32	合作组织成员理解沟通的内容	1	2	3	4	5
33	合作组织成员轻松就工作任务进行交谈	1	2	3	4	5

问卷到此结束，谢谢您的合作！

如果您想了解本次调查的统计结果，请留下您的联系方式：

姓　　名：________________

通信地址：________________

电子邮件：________________

创新负责人问卷

尊敬的先生/女生，您好！

我们正在进行一项有关组织惯性与组织创新影响的调查研究，在此希望能够耽搁您几分钟时间填答一份问卷，您的支持对我们研究非常重要！本问卷用于纯学术研究，不会透露您所在单位具体的经营业务和商业机密，更不会透露您的个人信息。同时，我们承诺在未经您同意的情况下，不会将问卷数据用于任何商业途径。

答案无对错之分，请您根据客观情况，在各题对应的选项下面打“√”，请不要多选或漏选，以免成为无效问卷。如果您对研究结果感兴趣，请留下您的联系方式，我们将在第一时间把相关研究结果反馈给您。

再次感谢您的合作！

第一部分：基本信息

下面是关于您所在组织的一些基本信息，请您在合适的“□”内打（√）。

1. 同时参与项目：□1 个　□2 个　□3 个及以上

2. 组织规模：□15 人以下　□15—29 人　□30—49 人　□50—100 人　□100 人以上

3. 组织年限：□3 年及以下　□3—5 年　□5—10 年　□10 年及以上

4. 组织所处产业：□电子通信　□机械制造　□生物医药　□食品化工　□软件开发　□其他

5. 组织所在地____________

第二部分：变量测量

请您根据最近一次参加组织间合作创新的经历，在右栏中（1—5）用“√”标出合适的数字，数字越大表示您对该条款阐述的内容越认同，并在“□”内的数字上作出标注。这些问题的答案没有对错之分，请依据自己的看法作答，注意不要遗漏。

相关陈述		符合程度				
		完全不符合	不太符合	一般符合	比较符合	完全符合
1	组织间合作目标实现状况良好	1	2	3	4	5
2	组织间合作计划执行满足各项指标	1	2	3	4	5
3	组织间合作成果满足各项要求	1	2	3	4	5
4	组织间合作成功完成其使命	1	2	3	4	5
5	组织间合作完成其预设定的目标	1	2	3	4	5
6	组织合作成员实践新创意改善产品和服务	1	2	3	4	5
7	组织合作成员乐意尝试新的或替代性的工作方法和途径	1	2	3	4	5
8	组织合作产生新服务、新方法和新过程	1	2	3	4	5
9	总的来说这是一个成功的创新型合作	1	2	3	4	5

问卷到此结束，谢谢您的合作！

如果您想了解本次调查的统计结果，请留下您的联系方式：

姓　　名：________________

通信地址：________________

电子邮件：________________